Dein Leben im Diesseits ist Dein Leben im Jenseits

von Gabriele

Gabriele-Verlag
Das Wort

5. Auflage Januar 2013

Max-Braun-Str. 2, 97828 Marktheidenfeld
Tel. 09391/504-135, Fax 09391/504-133

www.gabriele-verlag.de

Druck: KlarDruck GmbH Marktheidenfeld

ISBN 978-3-89201-261-0

»Immer wieder höre Ich euch vom Tod reden. Was ist für euch der Tod? Für viele ist er das Ende. Doch der Tod ist nichts anderes als der Übergang in eine andere Daseinsform, in welcher ihr in gleicher Weise lebt, wie ihr als Mensch gelebt habt. Der Tod wird nichts von euch nehmen – er wird euch auch nichts geben. Die Seele, die den Leib verlässt, ist dieselbe, die im Menschen war und die der Mensch widerspiegelte. Nach dem Leibestod erlangt ihr deshalb nicht die Auferstehung. Nur der geht in das Licht ein, der dem Lichte zuwandert, der einwärts wandert. So, wie die Seele des Kindes aus dem inneren Reich in die Lebensschule Erde eintritt, so soll der ältere Mensch von der Erdenschule in das Innere hineingewachsen sein durch Verwirklichung und Gottnähe ...

Darum erlangt die Erkenntnis: Im Fleische sollt ihr zur Kindschaft Gottes erwachen, und im Fleische sollt ihr die Auferstehung erlangen, denn die Seele im Menschen ist in der Lebensschule Erde, um wieder zu dem zu werden, was sie im Vater ist: göttlich.«

(Christus in:
Die großen kosmischen Lehren des Jesus von Nazareth an
Seine Apostel und Jünger, die es fassen konnten.
Das Leben der wahren gotterfüllten Menschen)

I n h a l t

Lieber Leser,

das Buch »Dein Leben im Diesseits ist Dein Leben im Jenseits« soll Ihnen in kurzen Darlegungen aufzeigen, dass der Mensch die Wahrheit mit Worten und Begriffen nicht zu erfassen vermag. Da wir Menschen uns jedoch nur mit Worten verständigen können, möchte ich diese Niederschrift so einfach wie möglich abfassen. Dann kann der Leser sich leichter in die Worte und Begriffe hineinfühlen, die letzten Endes doch nicht das aussagen, was hinter den Schleiern menschlichen Begreifens Realität ist; denn auch mit dem Verstand können wir nicht begreifen, was für uns nicht fassbar ist. Da unsere Seele von dieser Realität, der Wahrheit, weiß, müssen wir sie zum Schwingen bringen.

Unser physischer Leib ist ein Produkt der Erde; deshalb kann unser menschlicher Verstand auch nur mit Schwingungsgraden der Erde in Kommunikation treten. Unsere Seele hingegen ist ein kosmisches Wesen und kann – entsprechend ihrem Bewusstseinsstand – in jene Reiche gehen, die hinter den Schleiern liegen. Dies tut sie, wenn der irdische Körper schläft.

Was von drüben zu uns herüberkommt, muss, um überhaupt verstanden zu werden, durch den

Filter unserer drei Dimensionen, die unser Verständnis sind, fließen, also übersetzt werden. Dabei hilft uns vor allem die uns offenbarte Wahrheit, die uns das Leben in den ewigen Himmeln und in den Reinigungsebenen der Seele nahebringen möchte.

Wir Menschen müssen uns also mit Worten und Begriffen begnügen. Der Inhalt dieser Niederschrift ist eine Facette aus der Wahrheit und möchte uns das Diesseits und das Jenseits, die Geburt und den Tod, die Lebens- und die Todesspanne nahebringen. Lassen wir diese Facette im Wort bewusster auf uns wirken, dann können wir erahnen, dass unsere Seele unsterblich ist und dass wir die Gleichen sind – hüben und drüben. Denn so, wie der Baum fällt, so bleibt er liegen, und in dem Bewusstseinsstand, in welchem der Mensch stirbt, lebt die Seele weiter.

Ich versuche nun, die Schleier, die das Diesseits vom Jenseits trennen, so weit zu lüften, wie es mir mit Worten und Begriffen möglich ist.

Gabriele

Hinter den Bewusstseinsschleiern des Menschlichen – die wahre Realität, das Sein

Diesseits und Jenseits sind Begriffe, die uns Menschen andeuten, dass es ein Hüben und ein Drüben gibt und dass sich unser Leben im Feinstofflichen, in den für unser menschliches Auge unsichtbaren Bereichen, fortsetzt.

Je nach Betrachtungsweise ist das Diesseits oder das Jenseits immer das Diesseits.

Menschen, die an das Leben nach dem Tod glauben, sprechen von der Seele, die nach dem Leibestod in jenseitigen Welten weiterlebt. Nach dem Leibestod, wenn sie in feinstofflichen Welten ist, empfindet die Seele, dass das, was für sie als Mensch das Jenseits war, nun das Diesseits ist. Die grobstofflichen Welten, das materielle Universum, bezeichnet sie dann als das Jenseits, denn es liegt nun jenseits ihres Lebensbereiches.

Es kommt also auf den Standpunkt der Betrachtung an und auf die Perspektive des Bewusstseins. Reisen wir z.B. von hier nach dort, von dem einen zum anderen Land, dann werden wir ebenfalls von »hier« und von »dort« sprechen. Das Land, in welchem wir sind, ist das Hier; das andere Land, von dem wir kamen, bezeichnen wir dann als das Dort. Kehren wir zu unserem Bestimmungsort zurück, zu dem Land, von wo aus wir das andere Land bereist haben, dann sprechen wir wieder von »hier« und bezeichnen das Gastland als das dortige.

Wir erkennen, dass alles relativ ist. So ist es auch mit unserem irdischen Leben; es ist relativ. Es kommt darauf an, aus welcher Perspektive wir unser Dasein betrachten.

Solange wir die Abläufe unseres irdischen Lebens – z.B. unser Denken und Verhalten, die vier Jahreszeiten, die Gestirne, die Sonnen und Welten – einzig außerhalb von uns erfahren und erfassen wollen und sie nicht als Teil unseres geistigen Lebens erkennen und annehmen, werden wir immer in »hier« und »dort« trennen. Dann sehen wir das Ganze räumlich, weil wir es auf unser dreidimensionales Verständnis zurückführen, das sich mit »oben« und »unten«, mit »rechts« und »links«, mit »hinten« und »vorne« begnügt. Erst wenn wir uns eingestehen, dass das irdische Leben und die Materie nicht alles sein kann, erwacht das Interesse auch für das Übersinnliche, das hinter den Bewusstseinsschleiern liegt und das nur entsprechend dem Bewusstsein der Seele wahrgenommen werden kann.

Erfassen wir, dass die Unendlichkeit ein Ganzes ist und das Hohe das Niedere durchdringt – niemals umgekehrt –, dann wird uns allmählich bewusst, dass die niederen Frequenzen – die Frequenzen der Materie – die hochschwingenden Kräfte des Alls niemals zu durchdringen vermögen und wir Menschen diese Bereiche mit dem Verstand niemals erfassen können. Deshalb bleiben »Diesseits« und »Jenseits« nur Worte und Begriffe für den, der einzig auf seinen Verstand baut und das Göttliche im Menschen, das alle Dinge weiß, die Wahrheit, nicht akzeptiert.

Sobald wir das Göttliche jedoch annehmen, müssen wir uns eingestehen, dass es noch mehr gibt als nur die Materie – und dass wir das Übersinnliche mit unserem Denkvermögen und mit unseren groben Sinnen, die nur auf die drei Dimensionen ausgerichtet und nur auf das Sichtbare bezogen sind, nicht ergründen können. Wenn wir uns die Mühe machen, über unsere Denk- und Lebensweise, über Geburt und Tod nachzudenken, dann können wir allmählich erfahren und erspüren, dass es weit Größeres und Vollkommeneres gibt als die grobstofflichen Naturgesetze.

Um uns die Abläufe hinter den Bewusstseinsschleiern des Menschlichen – also jenseits des uns

Erfassbaren – einigermaßen begreifbar zu machen, müssen wir zuerst einmal annehmen, dass unsere Seele ein Wesen des Alls ist und dass Gott die Kraft, das Licht, das ewige Gesetz des Alls ist. Wenn wir Gott als Allkraft anerkennen, dann erkennen auch wir uns als Wesen dieser Allkraft, teilhaftig am Gesetz des Alls. Fühlen wir uns so weit in unserem Inneren zu Hause, dass wir Gott als unseren Vater anerkennen, dessen Kinder wir sind, dann haben wir schon einen Schritt hin zum ewigen Gesetz Gottes getan, das Liebe ist.

Bei näherer Betrachtung der Tatsache, dass wir Wesen des Alls sind, wird uns auch bewusst, dass wir ohne die Erfüllung der ewigen Gesetze niemals glücklich und gesund leben können. Erst dann, wenn wir uns auch als Kinder Gottes verhalten, indem wir nach höheren Werten und Idealen streben und mehr und mehr nach ihnen leben, stirbt allmählich das Menschliche, das niedere Ich, und wir gewinnen den Weitblick für Höheres und Edleres. Dann erst wird uns nach und nach bewusst, dass unser Intellekt die Vorgänge im Innersten unserer Seele niemals begreifen kann. Dann erst erfahren wir uns selbst und können erfassen, dass »Diesseits« und »Jenseits« nur Begriffe des äußeren Denkens sind und Begriffe jener Bilder, die sich das menschliche Bewusstsein, der Verstand, geschaffen hat und als Bild in das Oberbewusstsein projiziert.

Der Mensch hat sich mehr und mehr von Gott, der ewigen Intelligenz, getrennt. Deshalb erfasst er alles nur in seinen menschlichen Denkmodellen als bildhafte Vorstellung. Auf diese Weise errichtete er zwischen der Liebe Gottes, Seiner Einstrahlung, und sich eine sogenannte Wand, die er nicht zu durchblicken und zu überschauen vermag. Erst wenn wir diese Wand oder diese Wände, die Bewusstseinsschleier unseres menschlichen Ichs, niederreißen, wenn wir uns also nicht nur auf unseren Intellekt verlassen, sondern auch die Gesetze Gottes bejahen und uns immer mehr an diesen orientieren, dann erfahren wir in unserem Inneren, dass Gott unbegrenztes Leben ist – und dass nur das Innerste unserer Seele uns die Realität zuzuspiegeln vermag, welche der Intellekt nicht begreifen kann.

Das Hohe, das Reine, das Feinstoffliche, durchstrahlt das Niedere, einschließlich der Materie. Das Niedere kann jedoch nicht das Höhere durchdringen. Was sich gegenseitig zu durchstrahlen, zu durchdringen vermag, das bringt keine Schatten und keine Spiegelungen hervor und somit auch keine Reflexionen. Der Mensch kann die Materie nicht durchdringen; deshalb projiziert er sein Denken und Tun auf die Oberfläche des Sees Erde. Die Erde und alles, worauf er sein Denken und Tun lenkt, spiegelt das zurück, was er ausgesandt hat. Deshalb erlebt der Mensch, einerlei, was er denkt und tut, seine eigenen Projektionen als Spiegelungen, als Reflexionen.

Das menschliche Auge sieht nicht, obwohl wir von »Sehen« sprechen. Es nimmt nur die Projektionen, die Reflexe dessen wahr, was der Mensch in seine Umwelt projiziert hat, und letzten Endes auch nur so viel, wie er selbst in sein irdisches Wahrnehmungspotential aufgenommen, in seinen Gehirnzellen gespeichert hat.

Das Wahrnehmungspotential sind die Programme des Menschen. Damit findet er sich so weit auf der Erde zurecht, wie er sich programmiert hat. Diese Programmierung ist auch sein Gesprächspotential. Nur dieses sein Potential versteht er, und nur mit diesem Potential kann er mit Seinesgleichen in Kommunikation treten, sich also austauschen. Einige dieser Programme sind unser Wortschatz, sind Begriffe – wie rot, schwarz, weiß, Feld, Acker, Wiese, Wald, Sonne, Mond, Gestirne, rechts, links, vorne, hinten, oben, unten usw.

Unser Ober- und Unterbewusstsein und die Schatten unserer Seele tragen auch unsere Entsprechungsprogramme. Es sind die Belastungen, unsere Ursachen, die wir uns durch gegensätzliches Verhalten auferlegt haben, indem wir gegen das Gesetz des Alls verstießen. Diese können wir mit Gewitterwolken vergleichen, die sich in unserer Seele zusammengeballt haben und sich auch in der Aura um unseren Körper zeigen.

Dringen von außen Worte oder Handlungen in unsere Gewitterfront ein, dann wallt unser Gemüt auf; es entlädt sich gleich niederfahrenden Blitzen – auf den Nächsten, der es mit Worten oder Handlungen entzündet hat. Es sind unsere Erregungen, unsere Wortgefechte, unsere Verteidigungen, Anschuldigungen, Beschimpfungen! Das heißt, es donnert und blitzt in uns. Unsere Blitze lassen wir dann auf denjenigen niedergehen, der sie in uns ausgelöst hat. In Wirklichkeit ist unsere Gewitterwand mit den Blitzen unsere Entsprechung.

Unsere Erregung, unsere Worte und Handlungen lösen unter Umständen in unserem Nächsten eine heraufziehende Schwüle aus und damit ebenfalls sein eigenes Donner-Wetter und seine eigenen Blitze, seine Entsprechungen, die das Wortgefecht verstärken. Dabei sehen beide nur auf ihre eigene

Gewitterwand, auf die Wand oder die Wände ihres menschlichen Ichs, die wiederum nur Reflexionen dessen sind, was sie selbst sind; darüber hinaus sehen sie nichts.

Die reinen Wesen, auch Geistwesen genannt, sind ewige feinstoffliche Form. Da sie alles durchstrahlen und durchdringen, schauen sie in ihrem Inneren alle Seinsformen und auch die geistigen Substanzen der Materie in deren jeweiligem geistigen Entwicklungsstand, deren Bewusstseinsgrad.

Alles ist Bewusstsein. Da alles in allem enthalten ist, kann alles in allem erfasst werden. Da alles in allem ist, so ist in jeder Seele und in allen Formen und Kräften das Ganze als Essenz enthalten.

Blicken wir nicht mehr auf die Reflexionen unseres Ichs, weil wir die Wände unseres Egos durch schrittweise Verwirklichung der ewigen Gesetze durchlichtet haben, dann schauen wir tiefer. Wir werden dann auch bewusster leben und uns in allem der Intelligenz Gott bewusst sein. Durch dieses Allbewusstsein erfahren wir uns als Menschen und zugleich als Wesen aus Gott. Wir erfahren dann das noch Menschliche an uns und zugleich, was göttlich ist. Diese Erkenntnis bewirkt, dass wir unser Ego schrittweise ablegen.

In dem Maße, in welchem wir unser Niederes abstreifen, werden wir an Kraft, Liebe und Weisheit zunehmen. Wir werden höhere Kräfte aufnehmen, die uns tiefer blicken lassen. Wer tiefer zu blicken vermag, der beginnt, mehr und mehr den Urgrund seiner Seele zu erforschen und aus den Tiefen des ewigen Seins zu schöpfen. Er erspürt auch in sich die Unbegrenztheit des Lebens, weil er sich als Wesen aus Gott sieht, dem er durch Verwirklichung der Gesetze näherkommt.

Nur das Selbst im tiefen Seelengrund entschlüsselt uns den Menschen, der die Oberfläche des Lebens ist, der Abglanz der Himmel, des wahren, unbegrenzten Seins. Der Abglanz ist all das, was rückstrahlt, das Licht, das zurückgeworfen wird. Es ist geborgte, heruntertransformierte Energie, ein geborgter Glanz, der nicht das absolute Sein ist.

Wir müssen uns bewusst machen: Alles, was rückstrahlt, das Licht also, das zurückgeworfen wird, ist nur ein verzerrtes Spiegelbild der ewigen Heimat. Infolgedessen ist die Materie nur ein verzerrter Abglanz des Seins.

Was nicht durchstrahlt werden kann, wird vergehen. Alle Schatten werden im Lichte der Realität, der Wahrheit, schwinden, weil der Ewige, Gott, ewig durchdringende Allstrahlung, All-Liebe, ist.

Das reine Sein hat keine Schatten; es strahlt und durchstrahlt alles und hat deshalb keine Rückstrahlung. Nur der Abglanz, der Mensch mit seinem geborgten Glanz, seiner geborgten Energie, reflektiert das, was er ist. Das Gleiche gilt für alle materiellen Bereiche und Formen. Alles, was nicht durchstrahlt werden kann, sei es die Erde oder das gesamte materielle Universum – alles ist nur geborgte Energie, geborgter Glanz, ein Abglanz des ewigen Seins.

Unsere Seele, die Trägerin des unvergänglichen Lebens, Gott

Gott ist die Allkraft, die alles durchströmt, alles durchdringt, auch die Materie. Die Materie, die Verdichtung, kann nur leben durch die Allkraft, das alldurchdringende, ewige Gesetz, Gott. Deshalb gibt es nur e i n Leben, es ist Gott, und alles Leben kommt von Gott – auch das Leben der Materie und des Menschen. Außerhalb von Gott gibt es kein Leben. Deshalb ist alles in Gott, weil Gott das Leben ist, das alles durchstrahlt.

Auch wenn wir Menschen von unserem Erdenleben sprechen, vom Leben des irdischen Körpers, so sollte uns bewusst sein: Das Leben aller geistigen und auch materiellen Formen, auch das des irdischen Leibes, ist das Leben, Gott. Gott ist also das Leben, die Allkraft selbst, die allumfassend und allgegenwärtig ist.

Es gibt keine Unterbrechung des Lebens. Gott, das Leben, ist im Kleinsten und im Größten, im Reinen, im Feinstofflichen, und im Groben, in der Materie. Keinen Augenblick steht das Leben, Gott, still. Es wirkt in allem, auch in den kleinsten, für uns Menschen unscheinbarsten Bausteinen des Universums.

Es gibt also keinen Stillstand des Lebens, auch nicht im Augenblick unseres physischen Todes. Das Sterben des Leibes ist nichts als das Ablegen der Hülle. Die Hülle, die wieder der Erde gegeben wird, ist nur der grobstoffliche Abglanz unseres Denkens und Lebens.

Der physische Körper, der Gedankenkörper, ist das sichtbare Ich. Die Seele trägt die Belastung, das Ungesetzmäßige, das nicht durch Bereinigung aufgelöst und umgewandelt wurde. Was an Sündhaftem noch nicht aktiv war und daher auch nicht bereinigt werden konnte, bleibt ebenfalls in der Seele. Nach dem Tod des Leibes ist deshalb die Seele

– das, was ebenfalls der Mensch war – entweder der Glanz des ewigen Gesetzes oder der Schatten der Sünde.

Die Augen des Menschen nehmen nur das Grobstoffliche wahr, nicht das Leben in einem anderen Aggregatzustand, und in einem solchen befindet sich die Seele nach dem Leibestod. Liegt der Mensch im Koma und verlässt die Seele den Leib, ohne dass der Mensch seinen Tod erleben konnte; oder streift die Seele nach dem Todeskampf des Menschen ihre Hülle, den Menschen, ab; oder verlässt die Seele den Körper im friedlichen Hinscheiden: die Seele ist, wie der Mensch war.

Einerlei, wie das Hinscheiden des Körpers verläuft – das Leben kennt keinen Stillstand. Das Leben geht weiter, wenn wir als Menschen auch auf den leblosen Körper blicken und vom Tod sprechen – es ist nur der Leib, der stirbt, weil das Leben entweicht.

Die Seele ist die Trägerin des Lebens. Das Leben strahlt durch den irdischen Leib; deshalb ist der irdische Körper nicht das Leben selbst. Er wird vom Leben erhalten.

Zieht sich das Leben aus dem Körper zurück, dann stirbt dieser. Der letzte Atemzug des Menschen ist die erste Atmung der entkörperten Seele.

Ähnlich ist es auch bei der Geburt eines Kindes. Die letzte Atmung der Seele im Feinstofflichen ist der erste Atemzug in der grobstofflichen Hülle, im Menschen.

Weil alles in vorgegebenen Rhythmen abläuft, ist die ganze Unendlichkeit rhythmisch. Das Leben jeder geistigen und jeder materiellen Form besteht aus unzähligen Farben, Formen und Tönen, ihren Bewusstseinsrhythmen, die ihrem entfalteten Bewusstsein entsprechen. Jeder Bewusstseinsaspekt hat seinen entsprechenden Bewusstseinston.

Der Odem der Seele ist der Atem des Menschen, das Leben, Gott. Der Odem der Seele besteht aus unzähligen geistigen Rhythmen. Der Atem des Menschen enthält den Odem Gottes, denn das Leben ist nicht die Materie, sondern das Leben ist in der Materie. Der Mensch kann den Odem Gottes nicht verändern, jedoch den Rhythmus seines Atems, je nach seiner Denk- und Lebensweise. Allein schon durch unsere Atmung wirken wir auf unsere Seelen- und Körperstrahlung ein.

Wir wissen: Keine Energie geht verloren. So geht auch das Leben – die Energie Gottes – nicht verloren; das Leben steht auch keinen Augenblick still.

Gäbe es eine Unterbrechung des Lebens, und sei es nur für einige Augenblicke am Tage, dann würden sich in der Unendlichkeit mächtige Energiestaus bilden. Daraus würde sich unter Umständen wieder Materie, die gröbste Schwingung, kristallisieren.

Gott hat das ewige Sein von den Bereichen, in denen sich die Seelen aufhalten – den Reinigungsebenen und dem materiellen Kosmos – durch eine Lichtmauer getrennt. Sie ist zugleich die Gesetzesmauer, welche jene Bereiche umschließt, in denen das Absolute Gesetz ewig wirksam ist. Durch diese Lichtmauer kann kein unreiner Strahl und somit auch keine Seele gelangen. Die belasteten Menschen und Seelen haben sich ihr eigenes Gesetz geschaffen, das Rückstrahlungsgesetz, das Gesetz von Saat und Ernte. Es lautet: Was du säst, wirst du ernten. Wohlgemerkt: Was du säst, das erntest auch du – nicht ich.

Wie würde es in der Unendlichkeit aussehen, wenn beim Hinscheiden des Körpers das Leben nur einen Augenblick stillstände, und das unzählige Male am Tage – denn es sterben täglich Tausende über Tausende von Menschen?

Ich wiederhole und ergänze: Durch den Stau würden im strömenden Leben Ballungszentren entstehen, die dann wieder auf das große Ganze einwirken würden, z.B. auf das Gleichmaß der Kräfte und auf das Gravitationsgesetz. Mit der Zeit würde sich dann alles verdichten und später in sich zusammenbrechen, wodurch sich die ganze Unendlichkeit ganz allmählich auflösen würde.

Das Leben, auch unser Leben, strömt und fließt also ohne Unterlass. Der Tod ist nur eine Brücke, ein Tor vom Erdendasein des Menschen zum Dasein der Seele in anderen Welten.

Die entscheidende Entdeckung im Leben eines Menschen: Es gibt mehr als die Materie

Das Denken vieler unserer Mitmenschen ist von materiellen Strukturen geprägt. Viele sind der Ansicht, dass alles nur auf die Materie bezogen und auf diese angewandt werden könne. Für sie ist die Materie die Realität, weil sie nur das akzeptieren, was sie sehen, hören, riechen, schmecken, betasten und mit Instrumenten der Wissenschaft erfassen können.

Haben wir uns schon einmal Gedanken darüber gemacht, dass unsere Augen nicht sehen können?

Obwohl wir von unserem Sehsinn sprechen, so nehmen unsere Augen nur die Reflexe unserer Umgebung wahr, nur den Abglanz, den reflektierten Glanz, und die geborgte Energie – niemals jedoch die Realität, den Glanz, der nicht von der Erde kommt, sondern vom Himmel, der nur auf die Erde einstrahlt und von der Erde rückstrahlt. Wer sich nur mit den Rückstrahlungen des Lichtes begnügt, der hat kaum Seelenlicht, da er sich nur auf die Reflexe eingestellt hat und nicht auf die Realität.

Solange es dem Menschen gut geht, denkt er selten über das Jenseits nach. Sein materielles Weltbild ist heil, solange ihn seine Fühl- und Tastwerkzeuge, seine Sinne, zufriedenstellen, die auf die Erfüllung der Wünsche und auf materiellen Wohlstand gerichtet sind. Wird an seinem Weltbild gerüttelt, z.B. durch Schicksalsschläge oder durch Krankheit und Leid, und können deshalb seine Sinne nicht mehr zufriedengestellt werden, dann wird so mancher nachdenklich.

An allem, was einem unbewusst lebenden Menschen widerfährt, sind zuerst einmal seine Mitmenschen schuld. Er hat einen Schuldigen, mit dem er sich gedanklich auseinandersetzt und den er mit vielfältigen Anschuldigungen bekämpft. Bei nächster Gelegenheit lässt er auch seine Familienmitglieder spüren, wie treulos und nachlässig sie ihm gegenüber waren, wie er sich ihretwegen am Arbeitsplatz, in der Ehe und Familie ärgern musste. Er klagt den uneinsichtigen Nachbarn an, weil er sich mit ihm um einige Quadratmeter Boden streiten musste, und klagt seine Angehörigen an, dass er in der Auseinandersetzung ohne den Beistand der Familienmitglieder war. Er sieht alles und alle nur gegen sich.

Ganz allmählich fällt dieser Mensch von einer Depression in die andere. Weil er auch in der Depression keine Bestätigung und Aufwertung erhält, fällt er in den nächsten Zustand, in die Aggression, und dann in das Selbstmitleid und Selbstbedauern. Nichts hilft! Keiner versteht ihn. Er findet aus seinem schicksalhaften Leben nicht mehr heraus.

Eventuelle Krankheiten und Leiden verschlimmern sich. Der Mensch sucht einen Arzt auf, der ihm Medikamente verschreibt. Doch auch diese helfen nicht. Völlig missverstanden, geht er zu einem Psychotherapeuten, um den Grund seiner Situation zu erfahren. Beim Psychotherapeuten hört er eventuell, dass seine Umwelt schuld sei, die Arbeitskollegen und -kolleginnen, der Nachbar, der ihm nervlich zugesetzt hat, die Familienmitglieder, die andere Interessen haben und ihn nicht unterstützten und unterstützen. Zuletzt ist es dann die Kindheit, sind es die Eltern, die ihm zu wenig Verständnis und Liebe entgegengebracht haben.

Endlich sind die Übeltäter gefunden, die an seinem Zustand schuld sind. Die Gedanken des »Leidgeprüften« kreisen nun um das Vergangene. Das Selbstmitleid umrankt ihn mehr und mehr und zeigt sich wieder in verschiedenen Variationen der Depressionen, der Aggressionen, der Schuldzuweisungen, in Krankheit und Schmerz. Das größte Übel ist, dass sich diejenigen, die, wie er meint, an seinem Schicksal schuld sind, nicht um ihn kümmern und sich empörenderweise nicht schuldig fühlen. Deshalb steigert er sich immer mehr in sein Selbstmitleid hinein und sieht sich schon dem Siechtum preisgegeben.

Plötzlich kommt ein Ereignis aus der Tagesenergie. Ein Bekannter kommt zu Besuch, der von ihm mit Worten und Klagen überhäuft wird, z.B. wie schlecht es ihm gehe, weil die ganze Verwandtschaft, einschließlich der Familie, ihn nicht verstehen würde, dass doch die Eltern die Hauptschuldigen seien, weil sie ihm zu wenig Verständnis, Toleranz und Liebe entgegengebracht hätten.

In diese Wolken des Missverstandenseins, in diesen Druck des Selbstmitleids ertönt das Wort aus dem Munde des Bekannten: »Halt! Nicht deine Familie, nicht deine Verwandtschaft, nicht die Kollegen und die Kolleginnen, nicht der Nachbar und die Eltern sind die Schuldigen, sondern du bist der Hauptschuldige.« Auf diesen Blitz folgt noch der Donner mit der Mahnung aus dem Evangelium: »Entferne zuerst den Balken aus deinem eigenen Auge; dann trage dazu bei, dass dein Bruder den Splitter in seinem Auge erkennt.«

»Unsinn«, meint der Betroffene, »soll ich mich etwa mit der Lehre des Jesus von Nazareth auseinandersetzen und eventuell mit einer höheren Macht? Nach deinen Worten wäre ja ich der Schuldige und nicht meine Umgebung.«

»So ist es«, meint der Bekannte, »denn wenn du dich über deinen Nächsten erregst, ihn beschimpfst und beschuldigst, dass er an deinem Zustand schuld sei, dann bedeutet das, dass du der Hauptschuldige bist; der andere trägt eventuell nur eine Teilschuld oder ist nur Auslöser zu deiner Selbsterkenntnis. Er hat in dir nur das ausgelöst, was in dir selbst war und noch ist; du solltest dich darin erkennen. Deine Erregung will dir sagen, dass du getroffen bist. Das, was du anderen zuschiebst, sind deine eigenen

Ursachen. Sie wurden in dir angeregt – deshalb hast du dich erregt. Blicke nun auf den Balken in deinem Auge. Spüre, wie er dich reizt, wie er auf dein Gemüt drückt und letzten Endes das heraufbringt, was du selbst bist: dein eigenes Fehlverhalten.«

»Woher willst du das denn wissen?« fragt empört der Betroffene.

»Nun, das ist ein Gesetz«, antwortet der Gast, »Gott hat es uns so offenbart.«

Der andere gerät mehr und mehr in Bewegung. »Deinen Worten nach soll ich womöglich sogar über Gott nachdenken – ich bin doch schließlich Realist!«

Der Bekannte sagt: »Realisten haben es so an sich, unrealistisch zu denken, weil sie nur auf die sichtbaren Dinge blicken, auf die Materie, und nicht auf das, was in und hinter der Materie wirkt, auf den Geist, Gott, das Leben. Denn die Materie ist nur die Oberfläche des Lebens. Sie ist mit einem See zu vergleichen, in dem sich das, was in unmittelbarer Nähe ist, widerspiegelt. Du schaust also nur auf die Spiegelung und nicht in die Tiefen des Sees, in und hinter die Materie.

Die Tiefe des Sees ist Gott, das Leben. Würdest du dich damit beschäftigen, so könntest du dein

Schicksal, deine Krankheit, dein Leid besser verstehen und vielleicht sogar annehmen; denn im Leid könnte deine Seele reifen, und du könntest dich als ein Wesen erkennen, das nicht nur aus Knochen, Fleisch und Blut besteht, aus Atomen, die das ganze äußere Gefüge zusammenhalten.«

Der Betroffene ist getroffen. Er will sich das jedoch nicht eingestehen. Deshalb versteckt er sich hinter einer ganz oberflächlichen Bemerkung, die lautet: »Ach was, das ist doch alles Unsinn. Das kann doch nicht wahr sein.« Jedoch es lässt ihn nicht los. Er schweigt ein beredtes Schweigen: »Oder doch ...?«

Gedanken schießen ihm durch den Sinn: »Könnte es sein, dass es noch mehr gibt als die Materie? Könnte es sein, dass es so etwas gibt wie Ursache und Wirkung? Könnte es sein, dass es höhere Gesetze gibt, die mir fremd sind? Könnte es tatsächlich sein, dass ich nicht nur aus Knochen, Fleisch und Blut, also aus Wasser und Erde, bestehe? Könnte es sein, dass einiges von dem stimmt, was ich als Kind im Katechismus gelesen habe? Könnte an all dem doch etwas wahr sein? Ist es möglich, dass es einen Gott gibt? Ist es möglich, dass es höhere, mir gegenüber wohlwollend gesonnene Kräfte gibt?«

Mehr und mehr beschleicht ihn der Verdacht: Könnte der Bekannte recht haben? Wenn er recht hat, dann gibt es nicht nur die sichtbare Existenz, sondern auch eine unsichtbare Intelligenz.

Sein Gehirn durchziehen schließlich viele Gedanken, Dinge, die er zuvor gehört und gelesen hat, wie z.B.: Es gibt Energien und Strahlen, von denen uns Menschen nur einige wenige bekannt sind. Es gibt viele Energien, die nicht erforscht sind, die wir mit unseren Geräten noch nicht erfassen können, die aber doch das All durchziehen. Damit gibt er sich selbst das richtungsweisende Stichwort: das All.

Wer oder was ist das All? Es arbeitet in ihm. Fragen über Fragen! Die Stunde der Besinnung ist gekommen. Gibt es ein Leben nach diesem Leben? Wenn ja, dann kann der Tod nur die Brücke zu einem unsichtbaren Leben sein. Ein Gemisch von Angst und Hoffnung lässt ihn weiterfragen. Auf viele dieser Fragen gibt dieses Büchlein, »Dein Leben im Diesseits ist dein Leben im Jenseits«, Antwort.

Der Weg des Suchens und Forschens nach dem Sinn des Lebens – der geistige Horizont weitet sich

Aus dem Gemisch von Angst und Hoffnung – mit der Frage »Warum?« – beginnt so mancher, nach jenen Gesetzen zu suchen, die unsere Schicksale bestimmen; vor allem dann, wenn er mit seinem Los, mit seinem Schicksal, mit seiner Krankheit oder seiner Not nicht mehr zurechtkommt. Auch ein Bekannter kann in solchen Situationen ein Impulsgeber sein, der einen Menschen zum Nachdenken anregt. Aus seinen Überlegungen heraus stellt er sich selbst oder seinem Mitmenschen die Frage: Woher kommen Schicksalsschläge, Leiden und Krankheiten? Wann muss ich Leid oder Krankheit tragen? Mir ist nicht bewusst, dass ich in meinem Leben dazu beigetragen, ja es verursacht hätte. Warum, so stellen sich viele Menschen die Frage, muss ich diese oder jene Krankheit tragen? Anderen hingegen, die ihre Mitmenschen betrügen und ausbeuten, geht es gut.

So mancher Fragende wendet sich zuerst wissenschaftlichen Berichten zu, um von dort Antworten auf seine Fragen zu erhalten.

Was sagt die Wissenschaft zur Materie, oder hat die Wissenschaft außerirdische Phänomene erforscht, die unter Umständen auf das Leben im Diesseits einwirken? Der Fragende muss bald feststellen, dass die Wissenschaft wohl vieles zum Wohle der Menschheit erkannt hat, doch auch viele Irrtümer lehrt, denn vieles, was sie in Vorgenerationen als Wahrheit und somit als gegeben dargestellt hat, wurde in den darauffolgenden Generationen und auch in dieser Generation vielfach schon wieder aufgehoben. Der Fragende muss erfahren, dass auch auf die Wissenschaft kein Verlass ist, denn auch sie unterliegt Fehlern und Irrtümern.

Der Suchende wendet sich unter Umständen seiner Glaubensrichtung zu, um dort nach dem Sinn des Lebens zu forschen, denn die Erschütterungen, die er in seinem Leben erleiden musste und erleiden muss, zwingen ihn zur Frage nach dem Sinn des Lebens. Auch in seiner Glaubensgemeinschaft muss er bald feststellen, dass ihm wohl einige Schritte weitergeholfen wird, dass jedoch all das, was er aus religiöser Sicht gehört hat, einzig auf dem Glauben beruht. Das heißt: Man weiß nichts Gewisses.

Wer einmal ernsthaft nach dem Sinn des Lebens geforscht hat, der wird keine Ruhe mehr finden und wird weiter forschen, bis er zur Erkenntnis gelangt ist, dass die Kräfte und die Gesetze des Alls nicht mit den materiellen Kräften und den von Menschen erdachten Gesetzen in völlige Übereinstimmung zu bringen sind. Er erkennt wohl, dass die Wissenschaft einiges Grundlegende erforscht hat, dieses jedoch auf die Materie bezogen ist. Aus unerklärlichen Gründen, ohne dass er zu sagen wüsste, woher, steigt in ihm die Ahnung auf, dass höhere Kräfte und absolute Gesetzmäßigkeiten, welche die Wissenschaft noch nicht zu durchschauen vermag, allem, was ist, zugrundeliegen.

Der ernsthaft Suchende, der sich mit der Realität Gott auseinandersetzt und hin und wieder die Gebote und Gesetze liest, die Jesus von Nazareth gelebt hat, und sie da und dort – wenn auch noch zögernd und vor seinen Mitmenschen verdeckt – anwendet, erlangt die Bewusstseinserweiterung. Plötzlich fällt es ihm wie Schuppen von den Augen, und es wird ihm unbegründet zur Gewissheit, dass es höhere Gesetzmäßigkeiten geben muss, die alles bewegen und erhalten. Durch die Bewusstseinserweiterung hat der suchende Mensch eine feinere und subtilere Wahrnehmung erlangt. Er weiß nun, dass es unerforschte Allgesetze gibt, die er nicht beweisen kann – für die er nun aufgeschlossen ist.

So mancher, der erste Begegnungen mit unbeweisbaren, für ihn jedoch realen Gesetzmäßigkeiten erlangt, fällt zuerst in einen religiösen Fanatismus, in den Glauben, er müsse von heute auf morgen die ganze Welt verändern, weil er glaubt, was er heute erkannt hat, wäre die ganze Wahrheit. Der Neuling, der erst seit kurzer Zeit in der Bewusstwerdung steht, dass es ewige Gesetze gibt, beharrt auf seinem Standpunkt und meint, er müsse das von ihm Erkannte, seine Wahrheit, verteidigen.

Wer diesen Fanatismus beibehält und pflegt, indem er andere von seinem Glauben überzeugen möchte, muss sehr bald die Erfahrung machen, dass sich das, was er glaubt, nicht beweisen lässt. Hält er in seinem Fanatismus nicht inne, dann können sich daraus Zwistigkeiten und Feindschaften ergeben.

Wer das Erkannte, die Facette aus der ewigen Wahrheit, nicht verwirklicht, nur darüber spricht und eventuell sogar mit seinen eigenen Vorstellungen durchsetzt, der kann unter Umständen sogar zu Glaubensspaltungen beitragen – dann, wenn er seinesgleichen findet, Menschen also, die sich einer äußeren Glaubensrichtung zugewandt haben und das innere Christentum nicht leben, das Gesetz des Alls, das einzig auf dem Geist Gottes in Christus beruht, der im Menschen selbst lebt.

Wer jedoch weiter forscht und vor allem sich selbst erforscht, sein eigenes Für und Wider, und seine Fehler durch Verwirklichung der Gebote ablegt, der gibt seinen Fanatismus auf, weil er zur Erkenntnis gelangt ist, dass es weit höhere Gesetze gibt, die in allem walten – auch in ihm selbst –, die er wohl erahnt, zu denen er jedoch noch keinen Zugang hat.

Auf der Suche nach weit höheren Gesetzmäßigkeiten – wobei der Wahrheitssucher sich auch immer wieder die Frage stellt: Woher komme ich, und wohin gehe ich? – stehen plötzlich zwei Begriffe vor ihm, die Aussagen sind und die ihm doch nichts sagen. Es sind die Worte »Diesseits« und »Jenseits«. Zwischen diesen beiden Begriffen spürt er ein Vakuum. Er fragt sich: Woraus besteht dieses Vakuum, das, unbegreiflich und doch schwerwiegend, dazwischensteht? Es ist der Tod, von dem man nur weiß, dass er den irdischen Leib zur Erde zurückholt, aus welcher er besteht.

So stellt er sich die Frage: Wer oder was ist der Tod, wenn es doch keine Unterbrechung des Lebens geben soll?

Der Suchende hat nun drei Perspektiven vor sich, das Diesseits, das Sterben – also den Tod – und das Jenseits.

Das Diesseits ist für ihn eine klare Sache, denn der Ort, wo er ist, das, was er sieht und hört, worum er weiß und was er erkennt, ist für ihn das Diesseits. Doch schon dämmert es in ihm, dass er auch das Diesseits nur so weit zu erfahren und zu erfassen vermag, wie sein Intellekt reicht oder so weit er Erfahrungen oder Erkenntnisse hat. Allein schon der Weltatlas macht ihm Schwierigkeiten, denn auf der Landkarte sieht er wohl einiges, vermag es jedoch nicht ganz zu erfassen, weil das Gehirn nicht einmal das gesamte Spektrum des Diesseits gespeichert hat. Er kann wohl sagen: »Dort sind die USA« oder: »Dort ist England«, doch was sich in beiden Ländern abspielt, z.B. die Lebens- und Denkweise der einzelnen Menschen, darüber weiß er kaum etwas – und doch wird dies das Diesseits genannt. Ist es wirklich das Diesseits, das er so gut zu kennen glaubte?

Immer mehr öffnet sich sein Bewusstsein, und er denkt: »Es sind doch alles nur Begriffe, Aussagen ohne Aussage«. Auch das Diesseits, das ihm bisher so nahe war, gibt ihm nun zu denken. In ihm erwachen Fragen über Fragen, die in Erkenntnissen ihre Antwort finden. Zum Beispiel die Erkenntnis, dass das Sterben – also der Tod – nur durch das Selbsterforschen erahnt und verstanden werden kann und dass das Jenseits nur durch das Leben im Diesseits zu verstehen ist.

Wir könnten uns immer wieder der Wissenschaft zuwenden und von ihr die von uns gestellten Fragen beantworten lassen. Wer jedoch tiefer blickt, der steht den wissenschaftlichen Erkenntnissen immer skeptischer gegenüber; denn ist das Wissen einzig auf die Materie bezogen, so können die unsichtbaren Kräfte, die in und hinter der Materie wirksam sind, nicht erforscht werden. Denken wir nur an Galilei. Er erkannte, dass die Gestirne sich um die Sonne drehen. Seine Erkenntnisse brachten ihm viel Leid und Anfeindungen, weil die sogenannte Wissenschaft, einschließlich der Institution Kirche, der Ansicht war, die Sonne drehe sich um die Erde.

Solange sich der Mensch – das gilt auch für die Wissenschaftler und weltlichen Obrigkeiten – nur um sich selbst, um seinen eigenen Horizont, dreht, ist er der Ansicht, alles müsse sich um die Sonne der menschlichen Erkenntnisse und Errungenschaften bewegen. Reicht der eigene Horizont nicht weiter, als die Verstandesleuchte zu scheinen vermag, nämlich nur die Oberfläche der Materie umfasst, dann entstehen jene Irrtümer, die für den Schmalspurdenker die Wahrheit sind. Für ihn ist dann auch die Erde nur eine »Scheibe«. Was hinter der Stofflichkeit, der Materie, wirksam ist, das ist dann nur noch Vermutung, die Fragen aufwirft, vor denen der Intellekt kapitulieren muss; denn der Schmalspurdenker beschäftigt sich ungern mit etwas, das nicht beweisbar ist. Wer begnügt sich schon mit Beweisen, die nur der Einzelne in sich selbst finden kann, für ihn jedoch kein Zweiter und Dritter?

Wollen wir uns die Realität des Jenseits selbst beweisen, dann müssen wir dieses auf dem Weg über Selbsterfahrung und Selbsterkenntnis erforschen. Wer tiefere Erkenntnisse erlangt, wer hinter Raum und Zeit und hinter die Materie blickt, für den ist das Jenseits Realität. Für den, der in sich selbst Erfahrung über die Stofflichkeit und die Feinstofflichkeit erlangt hat, ist zwischen Diesseits und Jenseits kein großer Unterschied. Er hat in sich erfahren: Was in und hinter der Materie ist, liegt einzig im Menschen selbst.

Wir Menschen nennen das Feinstoffliche, gleich welchen Grades, schlicht das Jenseits. Viele Menschen nehmen sich nicht die Zeit, die Grade der Vollmaterie und der Feinstofflichkeit zu erforschen. Daher ist für viele nur so lange das Leben diesseitsbezogen und die Materie die einzige Realität, bis sie durch Ereignisse oder Schicksale zur Frage nach höheren Gesetzen gebracht werden.

Der Mensch schafft sein persönliches Ichgesetz durch sein gegensätzliches Empfinden, Fühlen, Denken, Reden und Handeln

Die Basis des menschlichen Lebens ist des Menschen eigenes Fühlen, Denken, Wollen und Handeln; wer also den Sinn seines Lebens zu ergründen sich bemüht, der wird zum Forscher an und in sich selbst.

Um die Erkenntnis höherer Gesetze zu erlangen, muss sich jeder Mensch erst gründlich selbst erforschen, also bei sich selbst beginnen. Er muss zuerst diese Basis erforschen – seine Gefühls-, Empfindungs- und Gedankenwelt, die ihn, den Menschen, prägt. Auch sein Reden und Handeln sagt aus, wer er ist. Denn alles, was der Mensch fühlt, empfindet, denkt, spricht und vollzieht, das ist er – das strahlt er aus; das strahlt er an, und das zieht er auch an, da unsere Gefühle, Empfindungen, Gedanken, Worte und Handlungen Sender und Empfänger sind.

Unser Ober- und Unterbewusstsein und das, was unsere Seele, das geistige Wesen in uns, gespeichert hat, ist entscheidend für uns, denn alles, was von uns ausgeht, geht wieder in uns ein, weil in dem, was wir aussenden, zugleich der Empfänger ist, der Magnet, der das anzieht, was wir ausgesendet haben.

Die ganze Unendlichkeit ist Gesetz. Die unzähligen Kräfte des Alls sind Gesetzmäßigkeiten. Jede Empfindung, jeder Gedanke, jedes Wort und jede Handlung ist Energie und eine Gesetzmäßigkeit. Hohe, edle, reine, also die selbstlosen Empfindungen, Gedanken, Worte und Handlungen sind Gesetzmäßigkeiten Gottes. Die niederen, raffgierigen, neidischen, zersetzenden, zerstörenden, entzweienden Empfindungen, Gedanken, Worte und Handlungen, auch Leidenschaften, Begierden, Sehnsüchte und Wünsche sind Gesetzmäßigkeiten des Fallgesetzes, des Gesetzes von Saat und Ernte.

Da Gott allgegenwärtige Kraft ist, so ist auch das ewige Gesetz, Gott, in allen Aspekten des Fallgesetzes enthalten. Das göttliche Gesetz ist im Fallgesetz enthalten – und erhält es, denn das göttliche Gesetz in den Aspekten des Fallgesetzes ist so lange die erhaltende Energie, bis der Mensch den entscheidenden Schritt tut, indem er sein irdisches

Leben, das aus seinen Gefühlen, Empfindungen, Gedanken, Worten und Werken besteht, überprüft, sich in der Selbsterkenntnis übt und den höheren Gesetzen zuwendet. Dann verwandelt sich sein Niederes in Höheres, weil er die erhaltende Kraft, Gott, aktiviert und mit dieser herausfindet aus dem Fallgesetz, dem Gesetz von Saat und Ernte.

Auch im Fallgesetz wirkt die Gerechtigkeit; es wird unter anderem das Ausgleichsgesetz genannt, nach dem Gleiches Gleiches anzieht und auch wieder auf Gleiches einwirkt.

Wir wissen: Keine Energie geht verloren. Infolgedessen ist auch unsere Gefühls-, Empfindungs- und Gedankenwelt, sind auch unsere Worte und Handlungen Energie, die nicht verlorengeht.

Ich wiederhole das schon Gesagte mit anderen Worten: Was von uns ausgeht, geht wieder in uns ein. Was der Mensch aussendet, das kommt auf ihn zurück und prägt sein Äußeres. Jeder Mensch ist also eine Sende- und zugleich eine Empfangsstation aller irdischen und außerirdischen Kräfte. Wohin er sendet, von dort empfängt er.

Was wir an Energien aussenden, geht den Weg vom Oberbewusstsein ins Unterbewusstsein und von dort in unsere Seele; zugleich wird es im materiellen und im immateriellen Kosmos gespeichert. Das Energiepotential unserer Seele strahlt wieder durch uns hindurch und prägt uns, den Menschen.

Unsere Seele ist mit einem Generator zu vergleichen. Unsere Gefühle, Empfindungen, Gedanken, Worte und Handlungen sind der Treibstoff, den wir eingeben; der Generator, die Seele, treibt mit diesem Treibstoff den Menschen an.

Tief in der Seele ist das kosmische Bewusstsein, das ewige Gesetz des Alls, das alle reinen Kräfte enthält, die der rein feinstofflichen Welten und aller reinen Wesen. Das ewige Gesetz durchstrahlt alle geistigen Lebensformen, und die geistigen Lebensformen durchdringen sich wieder untereinander.

In den äußeren Schichten der Seele ist das Gesetz von Saat und Ernte gespeichert; es strahlt aus und bildet mit ihre Hüllen, die Aura. Dieses Gesetz, auch Kausalgesetz oder Karmagesetz genannt, entstand durch die Verstöße des Menschen gegen das Allgesetz. In unserer Seele ist also das gespeichert, was wir als Menschen verursacht haben, womit wir uns täglich beschäftigen, z.B. unsere ichbezogenen menschlichen Gefühle, unsere Sinneslüste und Leidenschaften, unsere negativen, unlauteren, feindseligen, hasserfüllten Empfindungen, Gedanken, Worte und Handlungen.

Das Gesetz von Saat und Ernte ist das Rückstrahlungsgesetz. Es durchdringt nicht das Stoffliche, sondern schafft Stoffliches oder strahlt Stoffliches an. Beides reflektiert, strahlt zurück. Somit empfängt der Mensch das, was er ausgesandt hat.

Beide Gesetze, das Innerste der Seele, das ewige Gesetz, sowie das Gesetz von Saat und Ernte prägen den Menschen. Was also jeder Einzelne von uns in seine Seele eingegeben hat, das strahlt nach außen. Es wirkt sich an unserem Körper aus. Unsere gesamte Verhaltensweise, die sich auch in Gestik und Mimik äußert, zeigt, wer wir sind. Auch unsere Körperstruktur und die Körperform, unser Benehmen und unsere Kleidung sind Ausdruck unseres Wesens.

Wer das Gesetz Gottes nicht anerkennt, wer danach nicht lebt, der schafft sein Personengesetz, also das Gesetz, das auf ihn bezogen ist, das er durch das aufbaut, was er sendet und schließlich wieder empfängt. Es ist sein persönliches Fallgesetz, sein persönliches Kausalgesetz, sein persönliches Gesetz von Saat und Ernte.

Durch sein Verhalten leidet der Mensch; durch sein Verhalten erkrankt der Mensch; durch sein Verhalten zieht er sein Schicksal auf sich. Das Bildnis des Menschen ist die Strahlung seiner Seele. Es ist nicht das Bild – das Ebenbild – Gottes, sondern das »Bildnis«, sein formgewordenes Verhalten, seine Ausstrahlung, die sich in der Körperform, der Körperfülle, dem Gesichtsausdruck, der Kleidung, der Mimik und Gestik zeigt.

Alles, was vom Menschen ausgeht – so, wie er wirklich strahlt –, ist eine Reproduktion seines derzeitigen Wesens. Auch wenn der Mensch sich noch so gut zu verstellen vermag – der Schein trügt nicht den, der über dem Menschlichen steht. Dem Menschen, der sich selbst erforscht und sein einengendes menschliches Ich mehr und mehr besiegt hat, ist alles offenbar.

Wer sich nicht selbst besiegt, weil er sich gehenlässt, sein Menschliches pflegt und am Sinn seines Lebens vorbeilebt, der will andere besiegen. Während seines irdischen Lebens, spätestens im Jenseits, muss er erkennen, dass er von Kräften besiegt wurde, die ihn zum Unterlegenen gemacht haben.

Glauben wir an die Existenz des feinstofflichen Lebens, dann fällt es uns um vieles leichter, eine allweise, ewige Kraft zu akzeptieren, welche dieses kosmische Gebilde, das feinstoffliche Wesen – wir nennen es auch Seele – geschaffen hat. Der Geist des Lebens ist die ewig existierende Kraft, wir nennen sie auch Gott.

Unsere Seele – der Mikrokosmos im Makrokosmos

Aus der göttlichen Offenbarung wissen wir, dass die Seele wie der Makrokosmos aufgebaut ist. Sie besteht aus den Kräften des Alls. Da die Seele formgewordenes All ist, so ist sie der Mikrokosmos im und aus dem Makrokosmos.

Glauben wir an die Existenz Gottes und an eine Seele, dann werden wir uns auch nicht mehr mit der Oberfläche der Materie zufrieden geben. Der wachsame Mensch, der in seinem irdischen Dasein bewusst lebt und die Möglichkeiten nutzt, die ihm der Tag bringt, der forscht tiefer.

Um erfassen zu können, wer wir sind, müssen wir uns selbst erforschen. Wo? Sicher nicht auf der Oberfläche unseres Daseins, der Materie; sicher nicht mit dem Mikroskop, durch welches wir die Materie in ihrer physikalischen Zusammensetzung betrachten! Wir müssen während der Abläufe unseres Lebens uns selbst erfahren, uns erkennen und zu uns finden, um uns selbst zu beweisen, wer wir sind, woher unsere Seele kommt und wohin sie nach dem Tod des Leibes geht.

Für das, was wir in uns selbst erforscht und erfahren haben, können wir gegenüber Zweiten und

Dritten keine Beweise erbringen, weil der Beweis für das feinstoffliche Leben einzig in jedem Menschen selbst zu finden ist. Nur die Anleitung zum inneren Forschen und inneren Erfahren können wir den Nächsten weitergeben, dann, wenn wir uns selbst erfahren haben.

Jeder muss sich also selbst erfahren und sich selbst finden. Kein Mensch kann für den anderen essen und trinken. So kann auch keiner für den anderen die Wahrheit erschließen. Jeder, der zur Wahrheit, zur Existenz Gottes, gefunden hat, kann durch gute Früchte beweisen, dass Gott existiert – und kann so zum Zeichen und zur Erkenntnis für seine Mitmenschen werden.

Wir können also im Diesseits das Jenseits nur im Innersten unserer Seele erforschen, indem wir unser Leben am Maßstab der Zehn Gebote und der Bergpredigt orientieren. Was in und hinter der Materie ist, lässt sich mit dem Intellekt nicht ergründen.

Unser Gehirn ist nur eine Belichtungsquelle für einen kleinen Ausschnitt unseres irdischen Daseins – es kann jedoch niemals das Jenseits erforschen. Der menschliche Leib ist das Vehikel der Seele und die Spiegelung des Jenseits, denn die Gefühls-,

Empfindungs- und Gedankenwelt des Menschen, seine Worte und Handlungen gehen in ihn ein – und in den Makrokosmos, in das Jenseits also; dort reflektieren sie, das heißt, sie strahlen von dort zurück in den physischen Leib. Aufgrund dessen ist der Mensch das, was er in das Jenseits eingegeben hat. Unsere Gehirnzellen und alle Zellen unseres Körpers sind also nur Aufnahmekräfte, welche die Spiegelung des Jenseits registrieren und wiedergeben.

Gott ist Allweisheit, der Makrokosmos, und wir sind in der Allweisheit Gott der Mikrokosmos.

Was wir für unser Dasein benötigen, sind irdische Lebensprogramme. Sie ergeben sich aus der Wahrnehmung unserer fünf Sinne, durch die wir sehen, hören, schmecken, riechen und tasten. Was wir sehen, hören, riechen, schmecken und tasten, hat Worte und Begriffe; wir brauchen also diese Programme, die unsere Sprache und unsere Ausdrucksweise prägen. Wir brauchen die Programme der Begriffe. Wir brauchen die Programme, um uns auf der Materie ausdrücken zu können. Wir brauchen die Zahlenbegriffe. Wir brauchen die Programme unseres Berufes. Wir müssen uns verständigen können. Das und einiges mehr sind die irdischen Lebensprogramme, unsere Werkzeuge für das physische Leben.

Ist uns bewusst, dass wir der Mikrokosmos im Makrokosmos, der Allweisheit Gottes, sind, dann ist es uns auch möglich, die Allweisheit Gott in unser Leben zu transferieren, um die Allweisheit Gott auf der Materie wiederzugeben. Um mit ihr zu arbeiten, sie also umzusetzen, brauchen wir die Gehirnzellen. Wir brauchen diese als Transformatoren für die Allweisheit Gottes.

Gehen wir den Weg der geistigen Bewusstwerdung, dann brauchen wir nicht den Intellekt, sondern erfahren die Intelligenz, die Allweisheit Gottes, und werden intelligent. Dann nehmen wir über unser Gehirn das Wissen von den kosmischen Zusammenhängen auf und transferieren es in diese Welt zum Wohle aller.

Wer in dieser Kommunikation – der Kommunikation des Mikrokosmos mit dem Makrokosmos, der Allweisheit Gottes – steht, der ist der lebendige Beweis für das Gute, für Gesundheit, Glück und Zufriedenheit. Er ist der Souveräne, der nichts und niemanden an sich bindet, weil er weise, also intelligent ist und jedem die Freiheit lässt, da er selbst frei ist; denn er, der freie Geist, steht in Verbindung mit dem ewigen Geist Gottes und blickt deshalb tiefer, als es der Zeitgeist jemals vermag.

Der Leser wird nun folgerichtig sagen: Hier wird vom Übersinnlichen gesprochen. Richtig. Was mit Worten nicht zu beweisen ist, das ist das Übersinnliche; das sind höhere Kräfte, die der Intellekt nicht zu erfassen vermag. Das Übersinnliche hat nichts mit unseren menschlichen Sinnen zu tun, die nur auf die Materie bezogen sind. Das Übersinnliche kann nur mit den Wahrnehmungen der Seele, die mit höheren Kräften in Kommunikation steht, erfasst und erfahren werden.

Gehen wir einige Erkenntnisschritte tiefer: Wer ist der Schöpfer und Erbauer des mächtigen Universums, des feinstofflichen Makrokosmos, des Übersinnlichen, das wir allgemein das Jenseits nennen? Und wer ist der Erhalter des Grobstofflichen, dessen, was wir das Diesseits nennen?

Es ist nur Einer, der alles geschaffen und erbaut hat, der alles belebt und erhält. Es ist Gott! Wir nennen Gott auch die All- oder Urkraft oder das ewige, allgegenwärtige, göttliche Gesetz oder die All-Weisheit.

Für den einen ist Gott nur ein Begriff, etwas, das nicht greifbar und definierbar ist. Für den anderen ist Gott die Realität, weil er an Gott glaubt und Sein ewiges, heiliges Gesetz mehr und mehr erfüllt und somit auch gefüllt ist von Kraft, Liebe, Weisheit, Gesundheit, Frieden und Harmonie. Wieder ein anderer spricht von Gott als dem Leben, der ewigen All-Existenz. Einerlei, welche Namen wir dem Schöpfer und Erbauer des mächtigen Alls geben – wir sind Geschöpfe des Schöpfers, denen Er das Gesetz der selbstlosen Liebe eingehaucht hat, wodurch wir Seine Kinder wurden.

Die allgegenwärtige ewige Kraft, Gott, ist die alldurchströmende Energie, welche die feinstofflichen und materiellen Welten durchdringt. Gott wirkt überall, denn Er ist allgegenwärtig im Feinstofflichen und im Grobstofflichen. Gott ist auch der Lenker des Alls, des unumstößlichen Gesetzes, aus dem der geistige Leib – verschattet nennen wir ihn Seele – hervorging.

Wir erkennen also, dass das Wort Gott mehrere Vorstellungen, Ansichten, sogar Erkenntnisse und sicher auch Selbsterfahrungen enthalten kann. Jedem begegnet Gott, die Allkraft, das Leben, auf eine andere Art und Weise. Entsprechend unserem Verhalten gegenüber Gott, gegenüber unseren Mitmenschen und unserer Umwelt erfahren wir das Göttliche in uns – oder das Ungöttliche, das Menschliche an uns.

Das Göttliche und das Ungöttliche können wir wie folgt erläutern: Das Göttliche ist das Gute, das Reine, das Schöne, das Positive, das Selbstlose. Es ist die absolute, ewig sich verströmende Liebe. Das Ungöttliche ist der Gegensatz des Guten. Es ist das Gehässige, das wir auch das Böse nennen, das Streitsüchtige, die Intoleranz, der Machthunger, also das Negative, Ichbezogene. Beides schaffen wir in uns selbst, durch uns selbst, durch unser eigenes Verhalten gegenüber Gott, gegenüber unseren Mitmenschen und unserer Umwelt.

Wir haben gelesen, dass unser geistiger Leib – wir nennen ihn auch Seele – der Mikrokosmos im Makrokosmos ist, weil er alle Kräfte des Alls als Essenz in sich trägt. Im Innersten unserer Seele befindet sich das unbelastbare Gesetz der Liebe, das, was von Gott kommt und was Gott ist. Was die Seele im Urgrund ihres eigenen Wesens trägt, ist göttlich und macht den reinen Leib, den Geistleib, göttlich.

Die äußeren Schichten der Seele tragen das, was sich das menschliche Ich auferlegt hat durch die Zuwiderhandlungen gegen das allwaltende, ewige Gesetz der Liebe. Das von jedem Menschen selbst geschaffene Gesetz – das, was er durch sein gegensätzliches Verhalten sich selbst auferlegt hat – nennen wir auch: das Eigengesetz oder das Ichgesetz oder das Gesetz von Saat und Ernte oder auch das Kausalgesetz oder das Rückstrahlungsgesetz. Die vielen Bezeichnungen besagen jedoch immer ein und dasselbe: Was der Mensch sät, das wird er ernten.

Das Unreine kommt vom menschlichen Ich – das Reine kommt vom Reinen, von Gott. Der reine, ätherische, der feinstoffliche Leib ist von Gott geschaffen und bleibt in Gott, dem Gesetz der Liebe. Die Seele enthält also das ewig Reine, das Göttliche, und trägt auch die Belastungen durch das menschliche Ich, durch die Zuwiderhandlungen gegen Gott, das ewige Leben.

Solange der Mensch nur diesseitsbezogen ist und auf der Erde einzig im Materiellen sein Glück sieht und sucht und für ihn nur die Erde ein Zuhause ist, wird die Seele nach dem Leibestode immer wieder zur Erde streben, da sie als Mensch nur das Menschliche anerkannte und das Göttliche nicht annahm und es in sich nicht erschloss.

Deshalb nimmt sich die Seele immer wieder eine fleischliche Hülle, einen grobstofflichen Leib, der ihrer Ausstrahlung entspricht, so lange, bis sie umdenkt und umkehrt, indem sie sich dem Göttlichen in ihrem Innersten öffnet. Über das Gesetz von Saat und Ernte, über das Rad der Wiederverkörperung, wird sie dann solchen Eltern zur Inkarnation zugeführt, die ihrer Ausstrahlung entsprechen und mit denen sie als Mensch einiges zu bereinigen hat. Es sind unter Umständen wieder jene Menschen, mit denen sie in Vorexistenzen zusammen war; mit ihnen soll sie in dieser Einverleibung das klären und lösen, was sie sich in Vorinkarnationen gemeinsam auferlegt haben, sofern dies an den Orten, an welchen sich die Seelen nach dem Leibestod aufhalten, in den Stätten der Reinigung, nicht geschehen ist.

Wie schon dargelegt, ist das, was der Mensch sät, sein persönliches Gesetz; es ist auf ihn, seine Person, bezogen. Nach den von der Menschheit selbst geschaffenen Astralgesetzen, nach dem Gesetz von Saat und Ernte, nimmt es auf ihn Einfluss, so dass er dann mit gleichen oder ähnlichen Kräften in Kommunikation tritt.

Sind wir durch das Forschen nach dem Sinn des Lebens und auch durch unsere eigenen Erfahrungen so weit gereift, dass wir an ein Leben nach diesem irdischen Leben glauben, dann sind wir auch bereit, Weiteres und Tieferes anzunehmen und zu ergründen.

Durch Verwirklichung, über Erkenntnisse und Erfahrungen zum Wissen

Bevor wir fortfahren, wollen wir uns bewusst machen: Uns kann nur das treffen, was wir selbst in unsere Seele und in den Kausalcomputer, in die Gestirne, eingegeben haben. Was von unserer Seele und von uns, dem Menschen, ausgeht, das ziehen wir wieder an, und nur das kann wieder auf uns einwirken.

Jeder von uns wird früher oder später zu der Überzeugung gelangen, dass ihm weder die Wissenschaft noch eine religiöse Glaubensgemeinschaft, noch Konfessionen oder viele Worte seiner Mitmenschen zur Wahrheit verhelfen können. Alle äußeren Bemühungen können Anstöße zum Nachdenken sein, damit wir dann selbst den Weg zur Wahrheit finden. Gehen wir den Spuren unserer Gefühle, Empfindungen, Gedanken, Worte, Handlungen, unserer Neigungen, Regungen, unserer Streitsucht, Gehässigkeit und dergleichen nach, dann finden wir zur Erkenntnis über uns selbst. Das ist von Bedeutung!

Denn der Weg zur Wahrheit führt einzig über uns selbst, nicht über Zweite und Dritte. Wir werden erkennen müssen, dass die Wahrheiten, die wir aus Büchern erfahren – sei es über Gott, über das Jenseits oder über die Gesetze der Liebe –, uns wohl einige Schritte weitergeholfen haben oder weiterhelfen, jedoch kann uns ein Buch über die Wahrheit niemals die Wahrheit finden lassen. Bücher und Worte über die Wahrheit sind für jeden von uns Helfer und Wegweiser, jedoch nicht die Gewissheit, die wir suchen. Diese ist nur von uns selbst zu erlangen, ohne dass wir einen äußeren Beweis dafür erbringen können. Jeder von uns muss in sich selbst die Sicherheit erlangen, dass es so ist, wie es wahrlich ist.

Bemühen wir uns im täglichen Leben – einerlei, wo wir hingestellt sind und was wir als Mensch darstellen –, die Gebote der selbstlosen Liebe und der Nächstenliebe Schritt für Schritt zu erfüllen, dann machen wir selbst die Erfahrung, dass wir ein anderer Mensch werden, dass sich unsere frühere, negative Gedankenwelt wandelt und wir immer mehr die Geschehnisse des Tages positiv meistern, weil wir in allem den positiven Kern bejahen und so auf alle Fragen und Situationen eine gesetzmäßige, also positive Lösung und Antwort erhalten.

Im Laufe dieses Prozesses von einer negativen Gedankenwelt zu einer positiven Einstellung erlangen wir weitere Fähigkeiten, die uns dann das Leben als ein Ganzes erkennen lassen, das in Gottes Hand liegt. Wir treten ein in das Gesetz der selbstlosen Liebe. Durch unser stetiges Bemühen machen wir die Erfahrung, dass wir eines Tages unsere Mitmenschen im Lichte der Wahrheit schauen und unsere Sicht nicht mehr durch das Menschliche, das Unwahre, getrübt ist.

Nach diesem Evolutionsschritt zum Positiven können wir ohne Emotionen das Negative, das Gegensätzliche, ansprechen. Wir können dann zu unseren Gefühlen, Empfindungen, Gedanken und Gesprächen stehen, weil sie nichts Erwartendes, Abwertendes und Bindendes enthalten. Ein solcher positiver Evolutionssprung hin zum gesetzmäßigen Leben bewirkt Wohlwollen und Toleranz unseren Mitmenschen gegenüber. Durch diese gesetzmäßigen Schritte gewinnen wir Achtung vor unserem eigenen Leben, welches das Leben aus Gott ist, und gleichzeitig Achtung vor dem Leben unserer Mitmenschen und dem aller Lebensformen.

Was ist geschehen? Mit unserem täglichen Bemühen, die Gebote Gottes, welche Auszüge aus dem ewigen Gesetz sind, zu erfüllen, erlangten wir die Bewusstseinserweiterung. Das heißt, unsere Seele reinigte sich mehr und mehr, und die Wahrheit durchdringt nun unsere menschlichen Sinne. Wir schauen tiefer. Wir sehen klarer. Wir hören, was andere nicht hören. Unser Geruchs-, Geschmacks- und Tastsinn verfeinert sich. Unser Körper richtet sich auf, und wir spüren, dass sich in uns ein zweiter Körper bewegt; es ist die sich mehr und mehr reinigende Seele, über die der Geist Gottes dem Menschen die All-Gesetze vermittelt. Das sind dann die Beweise für uns selbst, die wir jedoch niemals unseren Mitmenschen beweisen können.

Haben wir höhere Bewusstwerdungsgrade erlangt, dann werden wir auch bewusster leben und sicheren Fußes über diese Erde gehen. Wir haben die Erfahrung gemacht, dass die Allgesetze – die ewige Wahrheit – niemals im Äußeren, in der Welt, zu finden sind, sondern allein in jedem Menschen selbst. Deshalb muss einst jeder Mensch – oder die Seele in den Stätten der Reinigung – durch Selbsterkenntnis und Verwirklichung der ewigen Gesetze zur inneren Wahrnehmung und Erfahrung gelangen.

Wer sich selbst erforscht und immer tiefer in die ewigen Gesetze eintaucht durch deren Verwirklichung, der hat den Zweck seines Erdenlebens gefunden und weiß, dass alles, was auf ihn zukommt,

Freud oder Leid, er selbst – und kein anderer – in den Acker seiner Seele eingegeben hat.

Können wir mit Gewissheit sagen: »Mein Nächster ist nicht an meiner Krankheit, an meinem Leid, an meinem Schicksal schuld, sondern ich selbst«, dann haben wir einen großen Schritt in der Selbsterkenntnis und Verwirklichung getan. Der Wahrheitssucher, der einige Selbsterfahrungen gemacht hat, kann aus Überzeugung sagen: Dieses Erdenleben hat den ganz bestimmten Sinn für jeden Einzelnen, nämlich, wieder kosmisch, also rein zu werden.

Die Begriffe Diesseits und Jenseits kommen uns durch die Erkenntnis und einige Selbsterfahrungen näher, die uns die Gewissheit vermitteln, dass ein ewiges kosmisches Gesetz waltet und dass auch das Gesetz von Saat und Ernte für unser Ich als unser persönliches Gesetz besteht.

Wahrnehmung des Diesseits – entsprechend dem Bewusstsein, der Denkwelt des Menschen

Das Diesseits bin ich, bist du. Alle Menschen der zurückliegenden unzähligen Generationen bis heute bildeten und bilden das Diesseits; es entspricht dem Denken und Leben der zurückliegenden Menschengeschlechter und dieser Generation. Jeder einzelne Mensch trug und trägt durch seine Empfindungs- und Gedankenwelt, durch sein Reden und Handeln zur Gestaltung und Umgestaltung der Materie bei.

Weder die Empfindungen noch die Gedanken, Worte und Handlungen der vergangenen und gegenwärtigen Generationen vergehen – es sei denn, der Einzelne wandelt seine Negativanteile in positive Energien um und transformiert sie zu den höheren Quellen des Lebens, die Gott sind. Sowohl die positiven als auch die negativen Energien tragen dazu bei, wie gegenwärtig und zukünftig das Leben auf der Erde sein wird und wie die Seele des Einzelnen in den Stätten der Reinigung leben wird.

Jeder Mensch sieht das Diesseits, das Dasein auf der Erde, anders. So, wie er durch seine Brille – durch seine Lebensprogramme der Wünsche, der

Leidenschaften, der Bindungen, der Empfindungen, der Gedanken, der Worte, der Handlungen und der Gefühle – sieht, so sind für ihn das Diesseits und sein Dasein.

Menschen aller Generationen haben also die Materie – das für uns Sichtbare – durch ihre Gefühle, Empfindungen, Gedanken, Worte und Handlungen, durch ihre Neigungen, Vorstellungen, Wünsche und Leidenschaften, durch ihre Machtausübung, ihren Hass und ihren Neid geprägt. Wohlgemerkt: Nicht nur das Handeln jedes einzelnen Menschen, der auf dieser Erde lebt und gelebt hat, trägt dazu bei, sondern jeder einzelne Gedanke und jedes einzelne Wort.

Die Materie ist also die Gesamtheit der Produktionen aller Menschen, vom Erdenleben des ersten Menschen an. Jedes Produkt ist das Erzeugnis dessen, was eingegeben oder eingebracht wurde. Es trägt in sich die Rückstrahlung – die Wiedergabe, die Reproduktion – dessen, was eingegeben wurde.

Der Einzelne kann von dieser Welt, von dem, was ist, nur so viel begreifen und verstehen, wie er selbst an Empfindungen, Gedanken, Worten, Gefühlen, Handlungen, Regungen, Neigungen, Eindrücken, Erkenntnissen usw. in den Speicher seines Gehirns, in seine Seele und in den Speicher der jeweiligen Planeten eingegeben hat. Einzig das vermag er auch bewusst aufzunehmen.

In dem Maße und in der Art, wie der Mensch schwingt, also seinen Frequenzbereich aufgebaut hat, sendet und empfängt er und ruft in sich als Bild, Gedanke, Wort oder Handlung das ab, was er bereits aufgebaut, das heißt registriert hat.

Deshalb kann der eine das nicht sehen, was der andere sieht, und der eine das nicht hören, was der andere hört, und der eine kann das nicht erkennen, was der andere erkennt. So nehmen zwei Menschen, welche dasselbe Bild sehen, dieselbe Landschaft oder ein und denselben Menschen, jeweils ganz andere Aspekte wahr. Obwohl jedem das ganze Bild, die ganze Landschaft und der ganze Mensch gegenwärtig ist, so kann jeder nur das sehen und registrieren, was seinem Frequenzbereich, also seiner Ausstrahlung, entspricht. Das ist sein gegenwärtiges Bewusstsein.

Das Gleiche gilt beim Hören, Riechen, Schmecken und Tasten. Zwei Menschen können ein und dasselbe zu Gehör bekommen, jeder hört jedoch etwas anderes heraus oder überhört das, was der andere vernimmt. Jeder riecht den einen Duft anders als der andere. Jedem schmeckt z.B. die Speise wieder anders als dem anderen, und jeder, der den gleichen Gegenstand betastet, fühlt ihn anders als sein Nächster.

Alles ist Bewusstsein. Die menschlichen Bewusstseinsaspekte, die sich im Oberbewusstsein, im Unterbewusstsein und in den Seelenhüllen aufbauen, sind unsere menschlichen Gefühle, Empfindungen, Gedanken, Worte, Handlungen, Regungen, Neigungen, unsere Lüste, Sehnsüchte, Wünsche usw.

Das Göttliche in uns, die ewige Wahrheit, besteht aus dem ewigen Gesetz der selbstlosen Liebe, das Friede, Harmonie, Glück, Gesundheit und göttliche Wahrnehmung in sich birgt. Was wir also sind, göttliches Bewusstsein oder menschliches Bewusstsein, das strahlen wir aus. Entsprechend sehen, hören, riechen, schmecken und tasten wir. Deshalb ist auf der Materie alles relativ. Nichts ist vollkommen. Alles ist vom Bewusstsein der Menschen geprägt. Menschen, die einen ähnlichen Frequenzbereich ausstrahlen, ziehen sich gegenseitig an. Sie sehen, hören, riechen, schmecken und tasten auch wieder ähnlich; sie haben gleiche oder ähnliche Anschauungen und Meinungen.

Die Materie ist also niemals das Absolute.

Auf der Materie – wie wir sie als Menschen sehen und auch nennen – hat jeder seine kleine Welt. Sie besteht aus den Denkmustern, aus den Gepflogenheiten, Wünschen, Leidenschaften und Angewohnheiten des Einzelnen.

In dieser kleinen Welt bewegt sich der Mensch. Solange er sein Denken und Leben nicht in Frage stellt, ist diese seine kleine Welt das A und O seines Lebens. Das ist für ihn die Realität, und darüber hinaus gibt es für ihn auch nichts anderes. Das ist sein Horizont; das ist das, was er ist. Das sind seine Bewusstseinslagen, das Ober- und Unterbewusstsein, und das, was er in seine Seele eingegeben hat.

Solange der Mensch den Maßstab seiner kleinen Denkwelt an alles, was er sieht, hört, riecht, schmeckt und tastet, ansetzt, wird er auch darüber hinaus nichts akzeptieren. Solange er es ablehnt, das, was an seine Denkwelt anstößt, zu durchdenken und sich selbst in Frage zu stellen, bleibt er ein Gefangener seiner Vorstellungswelt.

Solche Menschen werten alles und lehnen alles ab, was ihr Horizont nicht zu erfassen vermag, wohin der Kegel ihres Bewusstseinslichtes nicht scheint. Für sie ist all das unwahr, was für sie nicht sein kann, weil in ihren Speichern hierfür nichts eingegeben ist. Was also nicht in ihr Denkgebäude, in ihre kleine Welt, passt, ist unlogisch und unwirklich.

So lange ist der Mensch von seiner Meinung überzeugt und lässt auch nichts anderes gelten, auch keine höheren Gesetzmäßigkeiten, bis seine kleine Welt einen Einbruch erfährt, entweder durch einen Schicksalsschlag oder durch Krankheit oder durch andere Ereignisse. Damit soll er zum Nachdenken und eventuell zum Forschen nach höheren Gesetzmäßigkeiten und Kräften angeregt werden.

Das Schicksal kann also ein Wegweiser zu höheren Erkenntnissen sein, wenn der Mensch bereit ist, dieses anzunehmen und sein eigenes Denken und Verhalten, seine eigene Lebensweise in Frage zu stellen.

Für jeden Einzelnen besteht also das Diesseits nur in Ausschnitten, gesehen aus der Perspektive seiner eigenen Horizonte. Er hält diese Ausschnitte für das Ganze.

Wenn wir dies alles bedenken, so müsste sich jeder die Frage stellen: Kenne ich überhaupt das Diesseits – oder nur einen Ausschnitt? Ist es nur ein Produkt meiner eigenen Vorstellungswelt, das, was ich durch meine Verhaltensmuster in diese Welt projiziert habe?

Leben ist Kommunikation, Senden und Empfangen

Viele von uns brauchen also die Erschütterungen, um umdenken zu können, um aus ihrer kleinen Denkwelt herauszukommen. Oftmals geschieht das, wie dargelegt, durch Schicksalsschläge. Wir haben schon gelesen, dass es in der ganzen Unendlichkeit, sowohl in der sichtbaren Welt, auf der Materie, als auch im Unsichtbaren, in der ganzen Unendlichkeit, keine Zufälle gibt. Alles unterliegt absoluten Gesetzmäßigkeiten.

Wir werden also nicht zufällig krank. Nicht zufällig fällt uns ein Stein auf den Kopf. Nicht zufällig verarmen wir, und nicht zufällig werden wir reich. Wir werden auch nicht zufällig in eine arme oder in eine reiche Familie geboren oder in arme Länder oder in Wohlstandsstaaten. Hinter allem, was geschieht, steht eine Gesetzmäßigkeit – entweder aus dem ewigen Gesetz oder aus dem Gesetz von Saat und Ernte. Das ewige Gesetz kommt von Gott – das Gesetz von Saat und Ernte, das Ich- oder Eigengesetz, geht vom menschlichen Verhalten aus.

In das Gesetz von Saat und Ernte gibt jeder Mensch seine eigene Ichwelt, sein eigenes Ichgesetz, ein. Was wir in den Acker unseres Lebens, in unsere Seele, eingeben, das ist unsere Saat. Der Mensch – oder die Seele in den Stätten der Reinigung – wird dann auch nach gesetzmäßigen Abläufen wieder das ernten, was der Mensch gesät hat. Zum ewigen Gesetz gelangen wir nur dann, wenn wir unser menschliches Verhalten, das gegen das Gesetz Gottes ist, abbauen, unsere menschlichen Frequenzbereiche, unsere Sender, stillegen, uns an den Gesetzen Gottes orientieren und danach leben.

Nach unseren menschlichen Begriffen leben wir im Diesseits. Doch das Jenseits – die Astralwelten, die Reinigungsebenen, und die reinen Welten, das reine Sein – ist uns sehr nahe. Alles ist Energie. Wir tragen die Essenz all dieser Energien in unserer Seele. Uns durchdringen sowohl die Himmel, das Reine und Edle, als auch die sogenannte Hölle, unser Fehlverhalten und unsere Laster.

Der Mensch ist also nicht nur Mensch; er ist nicht nur Körper. Der Mensch besteht aus dem Geiste Gottes, dem unbelastbaren Sein, aus der belasteten Seele und aus der Hülle, dem Körper. Die Gesamtheit nennen wir den Menschen.

Der Geist Gottes ist das Ewige, das Reine, die Energiequelle, die Seele und Mensch zusammenhält, die in allem, was ist, wirkt. Solange der Geist

Gottes und die Seele im Menschen wirksam sind, hält der Geist den Körper in seinen Bestandteilen zusammen. Trennen sich Geist und Seele vom Körper, tritt also der sogenannte Tod ein, dann zerfällt allmählich der physische Leib, und alle Einzelteile gehen auf ihre Bestimmungen zu, Erde zur Erde, Wasser zum Wasser. Die Seele jedoch macht sich auf den Weg in die Bereiche des Jenseits, die sie sich als Mensch durch ihr Denken und Leben eingegeben hat. Durch Kommunikation findet die Seele ihren selbst eingegebenen Aufenthaltsort.

Das Leben sowohl im Diesseits als auch im Jenseits besteht aus Kommunikation. Der Mensch baut sich durch seine Gefühls-, Empfindungs- und Gedankenwelt, auch durch seine Worte und Handlungen, durch seine Regungen und Neigungen den Schwingungsbereich auf, mit dem er dann in Kommunikation steht. Dieses Schwingungsband ist dann der Weg der Seele zu ihrem Kommunikationsbereich.

Alle Lebensformen kommunizieren untereinander, einschließlich der Menschen und Seelen. Jeder steht mit den Kräften in Kommunikation, die er entfaltet oder sich angeeignet hat. Die lichte Seele und der lichte Mensch stehen mit lichten, also hohen Kräften in Kommunikation, die dunkle, also die belastete Seele und der belastete Mensch mit niederen, gegensätzlichen Kräften.

Deshalb geht nach dem Leibestode die Seele dorthin, von wo sie angezogen wird – zu jenen Kräften und Welten, mit denen sie schon als Mensch in Kommunikation stand. So, wie es in der ganzen Unendlichkeit keine Unterbrechung des Lebens gibt, so gibt es auch keine Unterbrechung der Kommunikation.

Die Lebensprogramme des Menschen, welche die Seele bei der Geburt für das irdische Leben mitgebracht hat, und das, was sich Seele und Mensch im Laufe des irdischen Daseins weiter auferlegt haben, sind ebenfalls Kommunikationen. Diese Sende- und Empfangsbereiche verlegen sich gleichsam automatisch auf das Jenseits, wenn die Seele mit dem Leben auf der Erde abgeschlossen hat. Bestehen jedoch noch Wünsche, Regungen und Neigungen, die diesseitsbezogen sind, oder bestehen noch Hass und Feindseligkeiten gegenüber Menschen, dann sendet die wandernde Seele mit diesen Programmen weiterhin zur Erde, zu den Menschen und Orten, mit denen sie das Leben und ihre Rechthabereien weiterhin pflegen möchte – so, wie es in ihrer Denkwelt liegt.

Alles, was in der Seele ist, nimmt auch die Seele mit, Licht und Schatten. Können die Lebensprogramme der Seele, die für dieses irdische Leben vorgesehen waren, nicht mehr mit dem physischen Körper in Kommunikation treten, greift also der Diesseitsbezug, der Magnet für das irdische Dasein der Seele im Körper, nicht mehr, dann stirbt der Mensch – doch die Seele lebt im Jenseits mit den vom Menschen vorgegebenen Programmen weiter.

Das Leben ist also Kommunikation. Wohin wir senden, von dort empfangen wir. Das unbelastbare Sein in unserer Seele steht mit dem ewigen Gesetz, Gott, in Kommunikation. Die Sünde steht mit der Sünde in Kommunikation, unsere Vorstellungswelt wieder mit gleichen und ähnlichen Vorstellungswelten. Unsere menschlichen Sehnsüchte, Wünsche, Leidenschaften und dergleichen kommunizieren wieder mit gleichen oder ähnlichen Kräften.

Ich wiederhole: Wohin wir senden, von dort empfangen wir.

Ohne Kommunikation mit dem Leben, Gott, gäbe es für Menschen und Naturreiche keine Evolution, keine Weiterentwicklung. Entsprechend dem Bewusstsein des einzelnen Menschen, dem Bewusstsein der Seele, dem Bewusstsein der Mineralien, Steine, Pflanzen und Tiere ist auch die Kommunikation. Jede kleinste Form, jedes kleinste Ding sendet und empfängt entsprechend seinem erschlossenen Bewusstsein. Da alles Energie ist und entsprechend seinem Frequenzbereich, seinem erschlossenen Bewusstsein, sendet, so steht alles untereinander in Kommunikation, sowohl im materiellen als auch im immateriellen Bereich.

Auch die kleinsten Bausteine unseres Körpers sind Bewusstsein. Jede Zelle unseres Leibes hat drei Bewusstseinsaspekte: das unbelastbare Bewusstsein – das Geistbewusstsein – sowie das Ober- und das Unterbewusstsein. Jedes Organ unseres Körpers, alles, was wir sehen und nicht sehen, ist Bewusstsein und steht mit allem anderen in Kommunikation.

Durch die Kommunikation, die gleich Evolution ist, und dadurch, dass die Materie vom Geiste Gottes ganz allmählich angehoben, also in Evolution gebracht wird, erfolgt die Rückführung alles Belasteten in das ewige göttliche Gesetz, in das ewige Sein, zu dem Ursprung unseres wahren Lebens.

Bindung der Seele durch menschliche Ichprogramme. Unser Leben im Diesseits ist unser Leben im Jenseits

Da alles auf Kommunikation basiert, bestehen im ganzen All die entsprechenden Sende- und Empfangsstationen. Deshalb ist auch alles, was von uns ausgeht – das also, was in uns ist –, auch im All registriert. Wir nennen dieses All-Sein den All-Computer, der aus den unzähligen geistigen Gestirnen der göttlichen Himmelsmechanik besteht. Der Kausalcomputer hingegen besteht aus den Gestirnen der Reinigungsebenen und des materiellen Universums. Der Kausalcomputer ist das Gesetz von Ursache und Wirkung.

Der Mensch gibt sein Sündhaftes in den Kausalcomputer ein. Löst er das Menschliche, das Ichbezogene, auf, dann tritt er mit dem Allcomputer in Verbindung. Nach kosmischen Abläufen regt der Kausalcomputer in unserer Seele und in unserem Körper das an, was wir selbst eingegeben, also gespeichert haben. Er bringt einen oder mehrere Komplexe von Ursachen zum Schwingen. Sie strahlen über die Seele in den Körper ein und bewirken im materiellen Leib das, was wir selbst verursacht haben; sie lösen im materiellen Leib die Wirkungen unserer selbst eingegebenen Ursachen aus.

Die Ursachen, die in uns liegen, können mannigfach sein. Sie bauen sich durch unsere negativen Empfindungen und Gedanken, durch unsere Handlungen, Regungen und Neigungen auf, also durch unser Fehlverhalten. Was wir z.B. unserem Mitmenschen gewünscht haben, dass es ihn treffen möge, das wird uns treffen. Hassen wir unseren Nächsten, dann treffen all diese gehässigen Gedanken uns selbst. Können wir unserem Mitmenschen nicht vergeben, dann trifft uns das, was wir ihm anlasten usw. Das, was der Kausalcomputer in uns auslöst, kann zu Krankheiten und Leid oder zu Fehlreaktionen führen, je nachdem, was wir in das Gesetz von Saat und Ernte, in das Kausalgesetz, den Kausalcomputer, eingegeben haben.

Was einst von uns ausging oder was von uns ausgeht – sowohl das Göttliche, das Gesetzmäßige, als auch das Ichbezogene, das Ungesetzmäßige, unsere kleine Denkwelt – wird in unserer Seele und im All registriert. Das Gesetzmäßige – das Gute, das Selbstlose – steht mit dem Allcomputer, dem göttlichen Gesetz, in Kommunikation. Das Ungesetzmäßige – unser Fehlverhalten also, unsere Ursachen, unsere kleine, ichbezogene Denkwelt – steht mit dem Kausalcomputer in Kommunikation.

So lautet das Allgesetz: Was von uns ausgeht, geht wieder in uns ein. Was in uns ist, das prägt uns; das sind wir; das ist unser Leben im Diesseits und nach dem Leibestode im Jenseits. Geben wir unserem Nächsten die Schuld an unserer Not, an unserer Krankheit, dann werden wir auch mehr und mehr schuldig – und machen uns schuldig an dem, den wir letztlich verurteilen, an unserem Schicksal schuld zu sein. Wegen ständiger Schuldzuweisungen an unsere Mitmenschen können wir uns selbst nicht erkennen und somit auch nicht unser Leben und unser Dasein im Diesseits erforschen. Wir sehen nur auf unsere Mitmenschen und nicht auf uns selbst. Wir sehen nur auf den Splitter im Auge unserer Nächsten und sehen nicht den Balken in unserem eigenen Auge. Dadurch belasten wir uns täglich mehr, anstatt uns zu entlasten durch die Wiedergutmachung dessen, was wir uns an Fehlverhalten auferlegt haben.

Aufgrund solcher und ähnlicher Verhaltensweisen leben wir nicht unser Leben. Wir werden gelebt – entweder von außerirdischen Kräften, die wir durch unsere Gedankenwelt angezogen haben und anziehen, oder von unseren Mitmenschen, die bestimmend auf uns einwirken und von denen wir uns bestimmen lassen, weil wir uns gehenlassen. Das heißt, wir selbst bestimmen nicht über unser Denken und Leben, indem wir uns über uns selbst ein Bild machen und uns selbst kritisch betrachten, sondern wir lassen uns bestimmen, gängeln und steuern, weshalb wir unser Leben nicht mehr in unseren Händen halten. Wir wissen dann nicht, warum wir Mensch sind, und nach unserem Leibestod wissen wir als Seele nicht, warum wir Mensch waren.

In einem solchen traumwandlerischen irdischen Dasein geben wir in unsere Seele schon wieder die Programme für unsere nächste Einverleibung oder unsere nächsten Einverleibungen ein: die Ursachen, die wir also in einem oder mehreren Erdenkörpern – in anderen Generationen – zu tragen und abzutragen haben. Durch dieses traumwandlerische Verhalten im derzeitigen irdischen Dasein kann sich eine Kette von Belastungen ergeben, die wir unter Umständen erst in einigen Inkarnationen abgetragen haben.

Wir können also in diesem irdischen Leben unzählige Kausalkommunikationen aufbauen, wenn wir die Erdenschule nicht meistern. Mit diesen

Kommunikationen, die auf Ursachen beruhen, sind nicht unsere irdischen Lebensprogramme gemeint, mit denen wir uns auf der Erde zurechtfinden.

Verweilen wir längere Zeit an einem Ort und verhalten uns gegen das Gesetz, Gott, so schaffen wir dort die entsprechenden Programme. Diese Programme bestehen aus Teilen unserer Empfindungs- und Gedankenwelt, aus unserem Reden und Handeln, aus unseren Wünschen und Leidenschaften. Die an jenem Ort geschaffenen Programme ergeben dann eine Sende- und Empfangsstation. Diese von uns geschaffenen Sende- und Empfangsstationen können in die Gemeinde-, Städte- und Landesauren eingehen. Sie befinden sich auch als Magnetfelder um ein Haus oder um einen Wohnort.

Über diese Programme, die auch in unserem Ober- und Unterbewusstsein und in Bereichen unserer Seele gespeichert sind, können wir mit diesen Sende- und Empfangsstationen in Kommunikation treten. Spricht z.B. unser Nachbar von einem Ort, an welchem wir uns des öfteren aufhalten, oder von einem Land, das wir mehrmals bereist haben, dann entstehen plötzlich in uns Bilder und Eindrücke unserer Aufenthalte. Dabei läuft im Einzelnen Folgendes ab:

Wir wurden durch das Gespräch mit unserem Nachbarn angeregt; uns kam plötzlich dieses und jenes in den Sinn. Mit den Eindrücken, die in uns gespeichert sind, haben wir mit dem besagten ehemaligen Aufenthaltsort Kontakt hergestellt. Durch diesen Kontakt wurden diese Bilder lebendig, die vergegenwärtigen, was für uns an jenem besagten Aufenthaltsort oder in jenem Land geschah, woran wir beteiligt waren.

Die an diesen Orten von uns aufgebaute Sende- und Empfangsstation hatte das Sendepotential unserer Speicherung aufgenommen und sendete nun zurück; wir empfingen.

Ähnlich geschieht es in der entkörperten Seele. Alles, was sie gespeichert hat, wird in ihr in Bildern offenbar. Der einzige Unterschied liegt darin, dass der Mensch die Bilder aus vergangenen Reisen nur in abgeschwächtem Maße empfindet. Die Seele hingegen erspürt in sich alle Details, die Freuden und Leiden, auch das, was sie durch ihr gegensätzliches Verhalten als Mensch in ihren Mitmenschen ausgelöst hat.

Ich wiederhole: Alles ist Bewusstsein. Auch jedes Programm ist Bewusstsein. Wohin wir senden, dorthin zieht auch unser Bewusstsein. Von dort rufen wir wiederum das ab, was wir dort hinterlegt haben durch unser Empfinden, Denken, Sprechen und Handeln, durch unsere Sehnsüchte, Wünsche und vieles mehr.

Alles ist auf Polarität, auf Senden und Empfangen, aufgebaut. Jeder Sender hat seinen Empfänger, und jeder Empfänger hat seinen Sender. Wenn wir von Positiv und Negativ als Polung sprechen, dann ist damit nicht das positive und das gegensätzliche Leben gemeint.

Solange wir mit unserer Sende- und Empfangsstation, die auf unserem Denken und Leben beruht, nur den Kausalsender, den Kausalcomputer, erreichen, leben wir weitgehend gegensätzlich und senden auch entsprechend aus. Wir werden dann auch nur Kausalenergien, also Gegensätzliches, empfangen.

Unser Leben im Diesseits ist nach dem Leibestode unser Leben im Jenseits. Was wir hier im Diesseits sind, unsere Prägung, das sind wir im Jenseits – das sind wir auch in der nächsten Einverleibung im Diesseits wieder, wenn wir als Seele im Jenseits unser Sündhaftes nicht bearbeitet haben.

Die Wechsel von hier und dort, vom Diesseits zum Jenseits, vom Jenseits zum Diesseits, bestehen so lange, wie wir noch erdverhaftet sind. Treten wir durch ein bewusstes, weitgehend gesetzmäßiges Leben mit höheren Kräften in Kommunikation, dann werden wir uns auch nicht mehr einverleiben. Dann kehren wir ganz allmählich als Wesen aus Gott in den Ozean des unbegrenzten Lebens zurück, in das Absolute Gesetz der Liebe. Das Gesetz, Gott, ist die Kraft der Liebe. Es ist das Leben, unser wahres Sein, der Kern und die Tiefe unserer Seele, der ätherische, feinstoffliche Leib, der nicht von dieser Erde ist.

Die Chance durch die Lebensschule Erde. Wir selbst schaffen uns Himmel oder Hölle

Um zu höheren Gesetzmäßigkeiten aufsteigen zu können, müssen wir unser Niederes, das Menschliche, lassen, das den höheren Gesetzen entgegensteht. Stirbt das menschliche Ich – unsere Gegensätzlichkeiten –, dann erlangen wir mehr und mehr die Reinheit und die Freiheit unserer Seele und auch die Reinheit in unserem Denken und Leben. Die Folge davon ist, dass wir öfter mit unseren lichter werdenden Empfindungen und Gedanken höhere Sende- und Empfangsstationen, höhere Gesetzmäßigkeiten, erreichen, die dann auch wieder rückstrahlen und uns allmählich aus dem noch bestehenden, doch immer helleren Labyrinth von Bindungen, Bedürfnissen, von Sein- und Habenwollen herausführen. Durch die Wirksamkeit höherer Kräfte in und durch uns werden wir dann auch frei von Besitzanspruch, von Neid und Habgier und gelangen so zur kosmischen Einheit mit den Kräften des ewigen Seins.

Ich fasse zusammen: Wollen wir von unserem menschlichen Ich, von Zwängen, Ängsten, von Neid, Missgunst, Feindschaft, von Krankheit und Leid frei werden, dann müssen wir uns dem Lebenspol in uns, dem Göttlichen, dem Ich Bin, dem ewigen Gesetz der Liebe, zuwenden. Das geschieht, indem wir uns von der Astralpolung, der Kausalkoppelung, in welcher unsere Astralprogramme gespeichert sind, abwenden und uns dem Göttlichen zuwenden, den edlen und selbstlosen Empfindungen und Gedanken. Um diese Schritte zu tun, sind uns die Zehn Gebote und die Weisungen aus der Bergpredigt gegeben.

Wir befinden uns also in der Lebensschule Erde, um als Menschen das zu lernen und wieder zu entfalten, was wir durch unsere Sünden abgedeckt haben. Es ist das Gesetz der selbstlosen Liebe, das Reine, Edle und Feine. Was im Inneren – vom Seelengrund aus – die Seele wieder geworden ist, das Gesetz der Liebe, die feine kosmische Strahlquelle, das wirkt sich dann auch im Äußeren aus. Der Mensch wird in seiner Struktur feiner; die materielle Substanz hat dann eine feinere Strahlung. Das Grobe, Hölzerne, Polternde, das Selbstgefällige, die Selbstsucht und der Hochmut sind dann abgefallen. Der Mensch ist feingliedriger, edler; sein Wesen ist ehrlich und offen. Das Sich-selbst-verbergen-Wollen ist in Freiheit und Offenheit umgewandelt. Der Mensch ist tolerant und wohlwollend; seine Redeweise ist fein, nicht intellektuell gespreizt. Er weiß sich auszudrücken und trifft in seiner Antwort den Kern der Frage oder der Situation. Seine Kleidung ist sauber; der Mensch ist gepflegt. Sein Erscheinungsbild strahlt ein Flair aus, das wir Menschen als anmutig, charmant, liebenswürdig, intelligent, fein und souverän bezeichnen.

Das Innere prägt also das Äußere, und das äußere Verhalten wirkt wieder auf das Innere ein. Wer und was wir also im Inneren sind, das zeichnet uns im Äußeren. Das, was wir ausstrahlen, das sind wir; das ist unser seelischer Bewusstseinsstand; so werden wir nach dem Leibestode sein.

Haben wir uns in den ewigen Gesetzen weitgehend vervollkommnet, dann sind wir im Innersten unseres Wesens die Strahlquelle göttlicher Liebe. Dann werden wir diese auch als Mensch verkörpern, und nach dem Leibestode wird unsere Seele glücklich, froh und gottbewusst in höheren Welten leben, in welchen die Lebensformen schon dem höheren Sein gleichen.

Haben wir uns als Mensch in der Lebensschule Erde bewährt, dann haben wir unsere Erdenzeit genützt. Spätestens nach dem Leibestode wird uns dieses bewusst werden. Entweder sind wir frei, froh, glücklich und geeint mit dem Leben in und um uns, oder wir spüren in unserer Seele die bohrenden Schmerzen, die wir durch unser Verhalten unserem Nächsten zugefügt haben. Das ist dann das brennende Feuer, das der Hölle gleicht.

Himmel und Hölle sind also Bewusstseinszustände der Seele und wirken sich auch in unserer Seele aus oder schon in und an unserem physischen Körper, dann, wenn die von uns geschaffenen Ursachen als Wirkungen unseren physischen Leib heimsuchen. Hat der Mensch in der Lebensschule Erde keine geistig-göttlichen Qualitäten mit der Kraft Christi erlangt, hat er trotz geistigen Wissens, trotz des Wissens um die Zehn Gebote und die Bergpredigt weiter gesündigt, dann wird es ihm als Seele in den Stätten der Reinigung höllisch ergehen.

Viele Menschen, die trotz geistigen Wissens gegen die Gesetze des Lebens verstoßen, also bewusst sündigen, sind in vielen Fällen nicht mehr sie selbst; denn was vom Menschen ausgeht, das zieht in ihn ein und ballt sich gleichzeitig in der Atmosphärischen Chronik zu Energiewolken zusammen, über die dann andere Seelen Einfluss auf ihn nehmen können. Wie Blitze dringen erdgebundene Seelen in den trotz besseren Wissens sündigenden Menschen ein und steuern ihn über seine eigenen Programme, über die, bewusst und unbewusst, seine Kommunikationen laufen. Im äußersten Fall kann dann eine Besetzung durch Seelen eintreten, wenn der Mensch ihnen die Bahn freigibt, indem er immer öfter »außer sich« ist durch Hass, Streit, Aggressionen und Kampf.

Wer von Seelen besetzt ist, der gibt nicht unbedingt ein Bild der Raserei. Auch Menschen, die besetzt sind, heiraten und bekommen Kinder und führen scheinbar ein normales Leben. Sie unterscheiden sich von anderen kaum, weil viele in der gleichen Situation sind, besetzt zu sein. Das Einzige, was Menschen verrät, die besetzt sind, ist der ihnen eigene Hang zu den Dingen des Scheins, mehr noch ihre Überzeugung, diese seien unumgänglich und notwendig.

Der Mensch lebt in der dämonischen Welt. Wie will er den Dämon bei sich selbst und in der Welt entlarven? Nur indem er sich selbst und die Welt betrachtet: diese Welt mit ihrer aufdringlichen Reklame, mit dem Konsum, den sie für unentbehrlich hält. Die ansteckende Wirkung der Reklame und die dadurch geweckten Bedürfnisse zeigen die Herrschaft der Dämonen.

Ebenso wie die Wirtschaft unterwerfen sich die Politik, die Kirchen und die Wissenschaften den Dämonen. Denn alles, was nach außen gekehrt ist, stellt sich in den Dienst dieser Kräfte.

Die heutige Gesellschaft entspricht alten Beschreibungen der Unterwelten. Die Berauschung durch äußere Dinge, durch Reichtum, Genuss, Besitz und Macht ist ein unverkennbares Zeichen für das dämonische Wirken und die dämonische Besessenheit.

Wer sich an seinem Beruf berauscht und alles daran setzt, auf der Leiter des Erfolgs hochzuklettern, der ist ein Gefangener. Sein Denken ist nicht mehr frei und wach.

Der Rausch an Äußerem ist stets Schein; der Mensch betrügt sich selbst. Der Dämon möchte die Unruhe im Menschen, auf dass dieser immer mehr auf das Sinnlose eingeht; er wird hin- und hergerissen im Sinnlosen und häuft Mengen von sinnlosem Wissen an. Der Dämon will den Individualisten, die Individualität und nicht das Unpersönliche. Der Dämon will die Feindseligkeit, denn sie ist die Abkapselung, das Böse.

Wie kann der Mensch diesen Fängen entfliehen?

Wir müssen uns immer wieder die Frage stellen: Was wollen wir erreichen? Wollen wir nach unserem Leibestod als erdgebundene Seele leben, oder wollen wir in höhere Welten zurückkehren? Wir bestimmen es selbst. Binden wir uns an die Materie, dann sind wir als Seele daran gebunden. Lösen wir uns von den Trugbildern dieser Erscheinungswelt, dann sind wir gelöst und frei für höhere Welten.

Es gibt auch ganze Interessengruppen von Seelen, die entweder auf Einzelne oder auf eine Gruppe von Menschen einwirken und diese über ihre Lebensprogramme beeinflussen, so dass sie dann das in der Welt tun, was die Interessengruppe der Seelen wünscht.

Durch solche und ähnliche Beeinflussung kann ein Mensch seine Identität verlieren, weil andere Kräfte seine Lebensprogramme besetzen oder durch Energieeinspritzung in die Kommunikation seiner Programme ihre Programme eingeben und auf diese Weise ihre Wünsche und Vorstellungen durchsetzen. Dann ist der Mensch gesteuert und vergeudet gleichzeitig sein irdisches Leben, weil er seine als Seele in das Erdenkleid mitgebrachten Lebensprogramme nicht mehr lebt. Statt dessen lädt er seiner Seele – unter Umständen erhebliche – weitere Schuld und Belastung auf; denn für alles, was der Mensch denkt, spricht und tut, ist er verantwortlich.

Spätestens im Jenseits wird diese Seele erfahren, dass sie als Mensch im Diesseits nicht selbst gelebt hat, sondern gelebt wurde. Sie sieht auch, dass sie als Mensch ihre weitere Inkarnation oder sogar weitere Inkarnationen vorbereitet hat.

Ob die Seele dann in einer weiteren Einverleibung ihre Lebensprogramme leben kann, das hängt von den Ursachen ab, die sie als Mensch in den vorausgegangenen Inkarnationen geschaffen hat. Denn je nach Belastung in dieser Daseinsform wird unsere nächste Einverleibung – oder unsere nächsten Wiederverkörperungen – ablaufen.

Was wir also sind, das spiegelt sich in und durch uns wider; das ziehen wir auch an.

Was uns stört, ist uns Spiegel. Entsprechungen: Wir sind es selbst!

Was uns begegnet, ist unser Spiegel, sowohl bezüglich der lichten als auch der Schattenseiten. Das, was unsere Augen wahrnehmen und worauf wir reagieren, sei es in Empfindungen, in Gedanken, Worten und Handlungen, das will uns etwas sagen. Entweder wir gehen selbstlos darauf ein, reagieren hilfsbereit und wohlwollend, oder wir nehmen es nur zur Kenntnis; das sind dann Aspekte positiver Wahrnehmung, die unser Inneres angenehm und aufbauend berührt haben. Oder aber uns stören die Reflexionen, das, was wir registriert haben. Dann können wir mit Sicherheit annehmen, dass wir selbst gestört sind.

»Dass wir selbst gestört sind« ist für viele eine groteske Aussage, denn wer will schon gestört sein? Wir glauben immer, es seien die anderen. Und doch ist es so: Was ich aussende, das empfange ich. Erregen wir uns z.B. über das Verhalten von Mitmenschen, dann müssen wir uns selbst die Frage stellen, ob wir nicht ähnlich sind wie diese, die uns unangenehm auffielen, über die wir uns erregt oder geärgert haben.

Haben wir uns über die Habgier unseres Nächsten erregt, so zeigt dies mit Gewissheit, dass wir selbst noch habgierig sind – sonst würden wir uns nicht erregen. Erregen wir uns über einen Hochmütigen, dann sagt uns das, dass wir selbst noch hochmütig sind. Erregt uns ein Satter, dann will uns dies zeigen, dass wir entweder nach Nahrung oder nach anderen Genüssen hungern.

Uns erregt nur das, was wir uns als Mensch wünschen. Erregt uns jedoch das, was unser Nächster besitzt, oder das, was er sagt und tut, nicht, dann entspricht es auch nicht unserem Denken und Leben. Wir sind dann auch nicht von dem, was unser Nächster besitzt oder sagt oder tut, betroffen. Nur der ist betroffen, der getroffen wurde, der Gleiches oder Ähnliches in sich trägt.

Der Habgierige ärgert sich über den Habgierigen, weil dieser unter Umständen mehr besitzt als er. Der Hochmütige erregt sich über den Hochmütigen, der nach seinem Ermessen noch mehr Wissen und Intellektualität besitzt als er. Jeder also, der nach mehr hungert, wird sich über den erregen, der mehr hat, der gleichsam »satter« ist. Diese menschlichen Programme nennen wir auch »Entsprechungen«. Mir entspricht das, was ich meinem Nächsten zudenke und zuspreche.

Entsprechungen sind also negative menschliche Programme. Nähren wir diese unsere Programme jahrelang, dann werden sich, für uns unmerklich, unserer Entsprechungen – also unserer Programme – außerirdische Kräfte bemächtigen und an uns allmählich zehren und durch uns das umsetzen, was sie in dieser Welt durchführen wollen; dann sind wir deren Instrumente und von ihnen besetzt.

Nur wenn wir selbst Gestörte sind, können uns andere stören. Wer jedoch die Zehn Gebote Gottes und die Weisungen der Bergpredigt, die Auszüge aus dem ewigen Gesetz sind, lebt, der lässt sich nicht stören, weil er selbst nicht gestört ist. Unser Verhalten zu unserer Umwelt zeigt an, ob wir Gestörte oder Entstörte sind. Wir sind dann entstört, wenn wir die Störsender im menschlichen Ich mit der Kraft der ewigen Liebe, mit Christus, umgewandelt haben.

Das Göttliche kann nicht gestört werden, weil es vollkommen ist. Nur das Unvollkommene, das Sündhafte, ist gestört und lässt sich stören und beeinflussen.

Haben wir also mit unseren Mitmenschen keine Entsprechungen, dann werden sie uns auch mit ihrem Denken, Leben und Verhalten nicht stören. Wir sehen wohl, was bei ihnen zugrunde liegt, doch es trifft uns nicht, weil wir Gleiches oder Ähnliches nicht in uns tragen. Streiten zwei um eine Sache, Meinung oder Ansicht, dann sind es gleiche oder ähnliche Entsprechungen – Ursachen also –, die sie zusammengeführt haben und die sie miteinander bereinigen sollen; oder es soll sich jeder darin erkennen und das beheben, was bei ihm angeklungen ist.

Wen stört es, dass der Apfel nun mal ein Apfel und die Birne nun mal eine Birne ist? Wen es nicht stört, der nimmt dies als Tatsache und als gegeben hin, weil in ihm kein gegensätzlicher Pol vorliegt.

Was uns also stört und worüber wir uns erregen, das sind wir selbst; das ist unser kleines Ichheitsgesetz, unsere kleine Welt, die aus Entsprechungen besteht und die in das Kausalgesetz, in das Gesetz von Saat und Ernte, eingebunden ist.

Es gibt also keine Zufälle, auch keine Kette von Zufällen. Alles ist gesetzmäßiger Ablauf und entspricht unserem Denken und Leben.

Wer sich nicht selbst ändert, der kann auch nicht zur Weltverbesserung beitragen. Es gibt immer wieder geschichtliche Einbrüche oder weltverändernde Geschehnisse, bei denen Menschen viel vom Frieden reden und die Welt verändern wollen. Wer in das Gesetz von Saat und Ernte Einblick hat, der erkennt, dass nur der die Welt zu verändern vermag, der sich selbst geändert hat. Wandeln sich die Menschen zum Guten, lösen sie das Gesetz der Entsprechung, das ein Teilaspekt im Kausalgesetz ist, auf, dann ändert sich auch die Welt zum Guten, und die Struktur der Materie wird feiner. Wird der Mensch lichter und feiner, dann wird auch die Welt besser und die Erde gesünder, weil der Mensch lichter und besser geworden ist. Dann schwinden Krankheit und Sorgen, weil die Menschen weder krank noch sorgenvoll denken.

Der ichbezogen und ungezügelt lebende Mensch baut an seinem Schicksal

Die Seele ist als Mensch in der Lebensschule Erde, um das Leben der göttlichen Weisheit zu verwirklichen, auf dass sie sich schrittweise der Vollendung nähert, ihrem wahren Ursprung. Dann wird sie so manches Schicksal, das sie beim Eintritt ins Erdenleben mitgebracht hat und das noch in ihr latent vorhanden ist, nicht erleiden müssen, weil sie sich durch die Veränderung ihres Lebens, durch die Erfüllung der Gesetze Gottes, auf höhere Lebensrhythmen begeben hat; denn der Lebensweg jeder Seele und jedes Menschen ist der Weg zur Vollkommenheit.

Wir Menschen haben es so an uns, dass wir immer anderen die Schuld zuschieben, wenn uns etwas missglückt oder wenn uns ein Missgeschick trifft. Legen wir jedoch den Maßstab an uns selbst an, an unser Verhalten, unsere Worte, Gefühle, Gedanken, Handlungen, Sehnsüchte und Wünsche, dann müssen wir feststellen, dass wir gar nicht so edel sind, wie wir uns selbst einschätzen. Da wir uns zu selten selbst beobachten und kontrollieren, betrügen wir uns auch selbst. Wir merken es in vielen Fällen gar nicht, weil wir so oberflächlich leben, dass uns der Unterschied zwischen dem, was wir sagen und tun, und unserer Gefühls-, Empfindungs- und Gedankenwelt nicht bewusst ist.

Die meisten Menschen sind nicht nur zweigeteilt in Ober- und Unterbewusstsein, sie sind mehrfach geteilt, denn die Welt ihrer Gefühle, ihrer Empfindungen, ihrer Gedanken, ihrer Worte und ihrer Handlungen ist meist konträr. Dazu kommen dann die verschiedenartigen Wünsche und Leidenschaften, die sich über die Gefühls-, Empfindungs- und Gedankenwelt äußern. Diese Bereiche werden meist mit Worten zugedeckt, oder sie werden gar nicht beachtet, weil der Mensch sich selbst nicht beobachtet.

Wir sehen also: Wir kennen uns nicht.

Nach dem Leibestode betreten wir dann als Seele scheinbar fremde Bereiche, die sich jedoch, als wir Menschen waren, immer wieder in uns abgezeichnet hatten, in unserer Gefühls-, Empfindungs- und Gedankenwelt. Da wir uns als Menschen nicht kontrolliert und unsere Gefühle, Empfindungen und Gedanken nicht analysiert haben, sind wir als Seele ein Fremdling in einem anderen Land, das wir uns letzten Endes als Mensch selbst geschaffen haben durch unser Fühlen, Empfinden und Denken.

Kontrollieren wir als Mensch nicht unsere Gefühle, Empfindungen und Gedanken, so leben wir unbewusst und kennen uns selbst nicht; als Seele wissen wir dann ebensowenig, wer wir wirklich sind.

Deshalb hängen viele Seelen der Welt der Worte an, dem, was sie mit ihrer Gefühls- und Gedankenwelt, durch ihre Worte und Handlungen selbst geprägt haben. Das ist dann ihre Welt, ihr Zuhause.

Wo ist ihr Zuhause? Es ist die Scheinwelt, eine bildhafte Welt, die sie umgibt, die sich gleichsam als Kokon um Seele und Mensch gesponnen hat.

Weil viele Menschen sich selbst nicht ergründet, nicht erfahren haben, gibt es viele erdgebundene Seelen. Als Mensch war ihnen die Welt ihrer Worte, ihrer Aussagen und Handlungen näher als die »Kleider«, das, was ihnen ihre Gefühls-, Empfindungs- und Gedankenwelt hätte sagen können.

Spreche ich von den Gefühlen, Empfindungen und Gedanken als von Kleidern, so meine ich damit den Kokon, der auch nach dem Leibestode des Menschen die Seele umgibt. Dieses kokonartige Gebilde ist ein Plasma; es ist die Aura, die auch schon den Menschen umgeben hat.

Der Mensch sieht nur durch diese Brille seiner Aura. Sie besteht aus dem Schwingungspotential seiner Gefühls-, Empfindungs- und Gedankenwelt und auch seiner Worte und Handlungen. Dies wird die Ausstrahlung seiner Seele genannt. Durch diese Plasmabrille, durch die Aura, welche Seele und Mensch umgibt, nehmen sowohl die Seele als auch der Mensch die Umwelt wahr.

Die entkörperte Seele ist also in die gleiche Aura eingehüllt, die schon den Menschen umgab. Die Aura der Seele, das Plasma, besteht aus mehreren

Schichten, welche die Ursachen zeigen und das Für und Wider, das Positive und das Negative, widerspiegeln. Diese Schichten nenne ich auch die Kleider der Seele, denn sie umhüllen den Seelenleib.

Jede Seele sieht in ihrer jeweiligen Schicht, in ihrem selbstgeschaffenen Kleide, nur das, was sie sich als Mensch angeeignet hat. Sie sieht ihr einstiges irdisches Dasein in Bildern, die sie durch ihre Gefühls- und Gedankenwelt aufgebaut, durch ihre Worte, Handlungen, Sehnsüchte, Wünsche und Leidenschaften wie ein Mosaik, Steinchen für Steinchen, zusammengesetzt hat. Die Seele im Jenseits nimmt also die Bilder und Eindrücke so wahr, wie sie ihre Umwelt als Mensch durch die Brille ihres Ichs, durch die verschiedenen Schichten ihrer Aura, gesehen hat. In dem, was also der Mensch in dieses sich aufbauende Mosaik eingegeben hat, lebt die Seele.

Auch der Mensch lebt in seinen Projektionen, angefangen vom ersten Mosaiksteinchen bis hin zum fertigen Mosaik. Es gibt viele Varianten des menschlichen Ichs, womit der Mensch seine Bilder, sein Mosaik, schafft. Lebt er z.B. mit seinen Arbeitskollegen und -kolleginnen in Streit, dann setzen sich aus den Projektionen seiner Gefühle, Empfindungen und Gedanken die Bilder zusammen.

Alles, worüber er spricht, alle Streitgedanken und -worte sind in dem Bild lebendig. Klagt er seinen Vorgesetzten an – beschimpft er ihn z.B. als Ausbeuter –, dann werden all seine Gefühle, Empfindungen, Gedanken, Worte und Handlungen, die um dieses Thema kreisen, bildhaft im Oberbewusstsein, im Unterbewusstsein und später in der Seele erscheinen. Das geht in die Aura, in das Plasma, ein. Die Seele strahlt dann das wieder aus, was der Mensch in sie eingegeben hat.

Des Menschen Werke sind seine Ichwelt, sein Ichgesetz und somit sein Schicksal. Alle seine Werke, die in seinen Gefühlen, Empfindungen und Gedanken ablaufen, auch in seinen Worten und Handlungen, in seinen Wünschen und Leidenschaften, werden bildhaft registriert.

Das kleinste Vergehen gegen das Gesetz des Lebens ist registriert. Hat der Mensch z.B. mutwillig Tiere getötet, Pflanzen und Sträucher im Saft ausgerissen, so ist nicht nur diese Tat registriert, sondern auch das, was zur Tat geführt hat, also die Gefühle, Empfindungen und Gedanken, die ihn dazu veranlasst haben. Auch die Ursachen, die ihn z.B. zur Flasche haben greifen lassen, um sich zu betrinken, und alle Gefühle, Empfindungen und Gedanken, die sich um diese Wurzel des Übels –

die Ursache – ranken, sind registriert. Auch wenn er in seiner Trunkenheit, also nicht mehr im Besitz seiner Unterscheidungskraft, sich am Tisch mit seinen Tischgenossen streitet und rauft, so ist das ebenfalls mit verzeichnet.

Registriert ist alles, auch ein für uns unscheinbarer Gedanke, z.B. die Hintergründe, warum wir in Urlaub fahren, und auch das, was sich am Urlaubsort ergeben hat. Auch wenn wir lange Zeit über das nachsinnen, was uns als Mensch lieb und wert war und ist, oder über unseren Machtanspruch, über unseren Wunsch nach Ansehen, über die Gedanken, Menschen bestimmen, sie regieren und führen zu wollen oder sie für uns persönlich arbeiten zu lassen – das alles geht detailliert bildhaft in die Seele ein, woraus sich das Plasma ergibt. Ebenso gehen z.B. auch die Gier nach Zigaretten, Alkohol und Sexualität und die Hintergründe, die zu diesen Ausschreitungen geführt haben, als lebende Bilder in die Seele und in das Plasma ein.

Nach dem Leibestod lebt die Seele in diesen Bildern, die ihr dann nach und nach offenbar werden; für die unerwachte Seele sind sie Realität. Hat der Mensch in der Lebensschule sein Leben nicht gemeistert, dann wird die Seele nach dem Ablegen der Leibeshülle zuerst in den Bildern leben, die ihre letzten Eindrücke im Erdendasein waren. In dieser Vorstellungswelt lebt sie sodann, je nach ihrer Bildstruktur, auch unter den Menschen.

Stirbt der Mensch, so nimmt die erdgebundene Seele weiterhin alles wahr, was in ihrem ehemaligen Umfeld geschieht, in welchem sie als Mensch lebte; denn sie lebt in ihren selbstgeschaffenen Produktionen, ihren Bildern, die ihr das zuspiegeln, was war und noch ist. Nach einigen kleinen Hindernissen aus der für sie nicht wahrnehmbaren Umstellung geht es dann für die Seele auf der materiellen Ebene weiter. Die kleinen oder auch größeren Unebenheiten in den Bereichen, in denen sie sich aufhält, registriert die auf die Welt, auf das Diesseits, orientierte Seele nicht.

Durch das ichbezogene Verhalten des ehemaligen Menschen hat dieser in andere Menschen, die ihm hörig oder ihm ähnlich waren, seine Vorstellungsprogramme eingepflanzt, z.B. Eitelkeit, Machthunger, Unterwürfigkeit oder indem er sie zu Jasagern erzogen hat, wodurch diese zu Dienern des menschlichen Ichs wurden. Die Seele eines solchen Menschen führt dann ihre Programme weiter, die sie als Mensch in ihre Mitmenschen eingepflanzt hat. Auf diese Weise hat sie Kommunikation mit jenen Menschen, die von ihr als Mensch programmiert wurden. Deshalb merkt die Seele oftmals lange nicht, dass sie nicht mehr im Erdendasein ist. Sie erkennt auch lange nicht, dass sie die Menschen nur deshalb versteht und mit ihnen weitgehend in Übereinstimmung ist, weil die Programme, die sie ihnen als Mensch eingepflanzt hat, von diesen in Wort und Tat gelebt werden. Dadurch ist die Seele unmittelbar am Geschehen beteiligt, z.B. in der Familie, am Arbeitsplatz, im Freundeskreis, in der Partei oder Konfession.

Diese Seele lebte als Mensch durch ihre Mitmenschen – sie lebt als Seele weiterhin durch jene, die ihr schon während der Inkarnation als Energiespender dienten. Das geht so lange, bis der von ihr einst programmierte Mensch aufgrund dieser Fremdprogramme erkrankt oder ein anderes Schicksal erleiden muss. Dann beginnen auch in der entkörperten Seele, die als Mensch ihre Programme in den Erkrankten gelegt hat, die Leiden. Was der Erkrankte erleidet, muss nun auch die Seele, die ihn als Mensch programmiert hat, in dem Grad erleiden, wie sie daran beteiligt ist. Nun leiden zwei, die entkörperte Seele und der Mensch. Zwei müssen nun abtragen, die entkörperte Seele und der Mensch. Zwei müssen nun um Vergebung bitten, die entkörperte Seele und der Mensch; denn der eine nützte seine menschlichen Stärken, und der menschlich Schwächere ließ sich unterdrücken. Deshalb müssen beide einander vergeben, die entkörperte Seele und der Mensch. Jedoch nur für einen gilt, das Gleiche nicht mehr zu tun – für den Menschen.

Sie werden fragen, warum der Geschädigte die entkörperte Seele um Vergebung bitten muss, obwohl diese doch – als Mensch – die Programme in ihn eingepflanzt hat. Der Geschädigte lebte oberflächlich; er blickte nicht in seine Gefühls-, Empfindungs- und Gedankenwelt, um zu ergründen, warum er das tat, was sein Nächster – z.B. die Frau oder der Mann, seine Bekannten, der Kollege oder die Kollegin – von ihm wollte. Er hatte seine Schwächen nicht erkannt und ließ sich vom Stärkeren programmieren.

Die Schwäche will sich immer aufwerten; deshalb nimmt der Schwache gern vom Stärkeren an; auch das Ego will geachtet, bestärkt und hofiert werden. Das alles bewirkt, dass der Mensch einem Stärkeren unterliegt. Bleibt der Schwächere der Unterlegene, dann steht er unter Druck. Die Folge kann dann sein, dass er zu Alkohol, Nikotin und dergleichen greift oder dass er sich durch die Sexualität aufwertet bei den Partnern, die ihn nicht durchschauen. Er macht sich dann stark bei ihnen, um seine Unsicherheit, seine Schwäche und sein Unvermögen zu überdecken.

Selten liegt die Schuld nur bei einer Person. In den überwiegenden Fällen sind es meist zwei oder mehrere, nämlich dann, wenn sich die gegenseitige Beeinflussung auf eine Gruppe von Menschen überträgt. Bricht also eine Ursache auf, welche die entkörperte Seele oder einen oder mehrere Menschen betrifft, dann leiden unter Umständen, je nach Konstellation der auf sie einwirkenden Planeten, die Seele drüben und der Mensch oder die Menschen hüben.

Was in das Kausalgesetz eingegeben ist, muss gelöscht und umgewandelt werden

Was ist zu tun?

Um nur annäherend die Zusammenhänge zu ergründen, muss der Mensch auf seine Gefühls-, Empfindungs- und Gedankenwelt achten. In diesen Schwingungszonen kann er erfassen, wo seine tieferliegenden Schwächen sind, die unter Umständen zu diesen Wirkungen geführt haben.

Die entkörperte Seele, an die der Mensch unter Umständen gebunden ist, kann er in der Gefühls-, Empfindungs- und Gedankenwelt nicht immer erfassen – dann nicht, wenn die Ursachen in Vorinkarnationen liegen; es sei denn, es wird dem Menschen bewusst, was sich in jener zurückliegenden Einverleibung mit ehemaligen Menschen zugetragen hat und noch nicht bereinigt ist.

Wird dies dem Menschen bewusst, dann kann er für das, was er verursacht hat, den Weg der Bereinigung gehen. Er sollte jedoch die Bereinigung ausschließlich über Christus vollziehen, nicht unmittelbar vom Menschen zur entkörperten Seele; denn sonst ist es möglich, dass er die entkörperte Seele noch näher an sich heranzieht, vor allem dann, wenn sie noch erdnah ist.

Es ist notwendig, dass die Seele im Jenseits dem Menschen vergibt. Tut sie das nicht, dann kann auch die Schuld des Menschen nicht getilgt werden; aber auch die Seele behält ihre Ursachen. Es ist wie mit einem Gefäß, in welchem das Wasser kocht. Es kocht so lange, bis es verdampft ist. Der Rest, der am Boden des Gefäßes zurückbleibt, ist das, was nicht getilgt wurde. Dieser Restbestand bleibt so lange, bis die entkörperte Seele vergibt.

Den Schmerz ihrer Ursachen erlebt die Seele bildhaft; sie lebt und bewegt sich in diesem Bild und glaubt, das sei ihr Leben. Die Seele sieht und erlebt es an ihrem Seelenleib, warum und mit welchen Methoden sie den Menschen oder die Menschen beeinflusst hat. Unter ihren Wirkungen leidet sie. Die Seele im Jenseits hat Bilder, und der Mensch im Diesseits erlebt es ähnlich – z.B. durch Schicksalsschläge oder durch Krankheit – wie die Seele, an die er gebunden ist, weil in beiden gleiche oder ähnliche Schwächen, also Anlagen, vorhanden sind. Dafür muss die Seele den Menschen um Vergebung bitten oder der Mensch die Seele – wohlgemerkt: über Christus.

Ob beide einander über Impulse erreichen, ist fraglich; denn die Seele ist drüben und der Mensch herüben – es sei denn, sie gehen den Weg über Christus. Können sie einander über Impulse nicht erreichen oder wird keine Vergebung erlangt, dann brennt das Feuer der Sünde im Seelenleib weiter, und der Mensch leidet unter dem, was er mitverursacht hat. Entweder muss die Seele dann warten, bis die Seele oder die Seelen, die noch Menschen sind, als Seelen im Jenseits erscheinen – oder sie geht wieder zur Einverleibung und inkarniert sich eventuell in die Familie oder in die Verwandtschaft, in welcher die Ursachen liegen.

Es ist auch möglich, dass sich alle Schuldbeladenen als Seelen im Seelenreich finden und wieder zur Einverleibung gehen, um dann als Menschen einander vergeben zu können oder um abzutragen, was sie einst verursacht haben.

Die Varianten des Vergebens und Um-Vergebung-Bittens und der Abtragung der jeweiligen Schuld sind vielfältig – so, wie es einst in das Gesetz von Saat und Ernte eingegeben wurde. Keine Seele und kein Mensch kann dem Netz von Ursachen und Wirkungen entrinnen. Was eingegeben ist, muss gelöscht und in positive Energien umgewandelt werden. Keiner kommt umhin, das zu tun.

Die Kausalenergien des Gesetzes von Saat und Ernte sind geliehene Gottesenergien, welche die Fallwesen und die Menschen heruntertransformiert und zu Fallenergien gemacht haben. Wer sich in diesem Netzwerk verfängt, der fällt und muss irgendwann wieder aufstehen, das heißt die von ihm heruntertransformierte Gottesenergie wieder umwandeln, also hochtransformieren, um in das Reich Gottes eingehen zu können. Dann erst löst sich das Plasma um die Seele auf und ebenso die Belastungen in der Aura, die um den Menschen strömt.

Der ewige Geist, Gott, durchstrahlt dann die Seele und den Menschen. Die reine Seele – das Geistwesen im Jenseits oder der gotterfüllte Mensch im Diesseits – ist dann wieder mit Gott geeint. Erst dann befindet sich der reine Geistleib wieder im Strom des ewigen Alls und ist bewusst das Wesen in Gott.

Alles ist Strahlung. Die Aura des Menschen zeigt, mit welchen Kräften er in Verbindung steht

Wir haben gelesen, dass alles Strahlung ist, die wiederum unterschiedliche Frequenzen hat. Diese können wir auch als Rhythmen bezeichnen. Da alles Strahlung ist, so besteht die ganze Unendlichkeit aus Rhythmen. Unsere Lebensbahnen gestalten wir durch unsere Denk- und Lebensweise. Diese ist, wie alles in der Unendlichkeit, rhythmisch. Unsere Denk- und Lebensweise ist unser Bewusstsein; es ist die Summe unserer Verhaltensmuster. Mit unserem Bewusstsein ordnen wir uns den entsprechenden Lebensrhythmen zu, Bereichen, die unsere Denkmodelle, die wiederum Bilder sind, gespeichert haben.

Diese Rhythmen sind die Lebensbahnen. Sie werden auch Ellipsen genannt. Unser Bewusstseinsstand entspricht also den jeweiligen Rhythmen. Jeder Rhythmus – jede Ellipse – hat eine bestimmte Farbe und einen bestimmten Klang. Infolgedessen sind Seele und Mensch Klangkörper. Jeder klingt entsprechend seinen Denkmustern und hat – als Seele und als Mensch – die entsprechende Form und den entsprechenden Ausdruck.

So, wie im Himmel, so ist es auch außerhalb des ewigen Seins, nur in heruntertransformierter, abgewandelter Form. Wir lesen immer wieder die Zahl sieben: sieben Grundkräfte, sieben Grundhimmel und sieben Stufen zum ewigen Sein. Wir sprechen auch von sieben Ebenen: vier Reinigungsebenen und drei Vorbereitungsebenen.

Alles ist Rhythmus und Klang. Das ewige Sein ist reinster, absoluter, gesetzmäßiger Klang, ebenso reinste, absolute, gesetzmäßige Farbe und Form. Das sind die Rhythmen des Seins. Da alles in allem enthalten ist, sind alle sieben Kräfte wieder in den anderen Kräften enthalten. Deshalb tritt auch immer wieder die Zahl neunundvierzig auf – sieben mal sieben –, da alles in allem enthalten ist.

Das ewige Sein ist das Strahlungsgesetz Gottes, die ewige Liebe. Sieben mal sieben mächtige Himmelsebenen kreisen in elliptischen Bahnen um die Urzentralsonne, um die zentrale Kraft des Lebens. Jeder Rhythmus, also jede Himmelsebene, hat die ihr entsprechende Farbe und den ihr entsprechenden Klang. Daraus ergeben sich sieben mal sieben Farbnuancen, sieben mal sieben Klänge. Als Ganzes ist es die Symphonie der Himmel, das ewige Strahlungsgesetz Gottes, das Liebe ist. Das ist die Symphonie, das Gesetz, Gott, in welchem die reinen Wesen leben, sich bewegen, ihr Dasein haben und so auch diese Sprache sprechen, den Rhythmus des Alls.

Die Reinigungsebenen, in welchen sich auch der materielle Kosmos befindet, und die drei Vorbereitungsebenen zur Absolutheit bestehen, wie dargelegt, ebenfalls aus sieben mal sieben in sich abgeschlossenen Rhythmen, die sich in elliptischen Bahnen um sonnenartige Gebilde bewegen. Diese Fallkonstellationen bewegen sich in ihrer Gesamtheit um das ewige Reich Gottes. Die Farben und Rhythmen der jeweiligen Ebene entsprechen der Bewusstseinsstrahlung jener Seelen und jener Menschen, die sich in ihrer geistigen Entwicklung und Reife auf der Stufe dieser Reinigungs- oder Vorbereitungsebene befinden. Die Seele durchschreitet alle diese Ebenen und Stufen auf ihrem Weg zur Vollendung. Ebenso geschieht dies in dem geistigen Reifeprozess des Menschen auf dem Inneren Weg.

So, wie sich der Makrokosmos gestaltet, entsprechend vollzieht es sich auch in und am Mikrokosmos und in allen Lebensformen. Sowohl der Mensch als auch alle Lebensformen, Tiere, Pflanzen und Steine, strahlen ihre jeweils entfalteten Bewusstseinskräfte aus, die um sie rhythmisch in elliptischen Bahnen fließen. Diese rhythmischen Bahnen um Seelen, Menschen und alle Lebensformen werden auch Aura genannt.

Wir erkennen also: So, wie es im Großen geordnet ist, so ist es auch im Kleinsten geordnet. So, wie der Makrokosmos, so auch der Mikrokosmos. Der Himmel hat das ewige Gesetz; er strahlt es aus, wodurch Farbe, Form, Klang und der Zusammenklang, die Symphonie, entstehen. Der Mensch schafft sein Ichgesetz durch seine Denkmuster, aus denen sich seine Verhaltensweisen ergeben. Das geht von ihm aus; das umgibt ihn als Schwingung und Kraft. Es fließt um ihn in rhythmisch-elliptischen Bahnen, es ist seine Aura, seine Ausstrahlung.

Das Gleiche gilt für alle Lebensformen, nur dass sie die unbelasteten Kräfte ausstrahlen, den jeweiligen Stand ihres entwickelten geistigen Bewusstseins.

Der Mensch strahlt also das Gute, weniger Gute und Böse aus. Es sind jedoch immer wieder Rhythmen – entweder die himmlischen Rhythmen, die himmlischen Farben und Klänge, oder das Sündhafte. So, wie die Seele ausstrahlt, so klingt der Mensch – positiv oder negativ, harmonisch, edel und fein oder disharmonisch, aggressiv oder stimmungsgeladen, also blechern. Die Aura des Menschen zeichnet auf, mit welchen Kräften der Mensch in Verbindung steht. Entsprechend sind auch die Farbe und der Klang der Aura. So ist auch der Mensch.

Lebensspanne und Todesspanne des Menschen

In der Lebensschule Erde ist uns geboten, aus dem Labyrinth unserer Verstrickung, unserer Sünden herauszufinden. Dabei hilft uns der Christus-Gottes-Geist in uns durch Impulse; es hilft uns auch der Schutzgeist, der unser Gewissen berührt, und die Tagesenergie, die uns durch Ereignisse und Geschehnisse das zeigt, was wir heute anschauen und bereinigen sollen.

Einzig durch ein gottgewolltes Leben finden wir aus dem Zustand der täglichen Lasten heraus, oder wir verstricken uns weiterhin im Gesetz von Saat und Ernte durch weiteres Fehlverhalten, durch das Sündigen, und tragen so täglich schwerer. Dazwischen gibt es keine Lösung. Es gibt nur ein Entweder – Oder. Alles andere ist Selbsttäuschung.

Wer diese Wegweisungen zum inneren Frieden, zum inneren Glück, zu Gesundheit und Kraft, zum positiven Leben für den Nächsten und mit dem Nächsten nicht annimmt, der muss auch zu dem stehen und das tragen, was er selbst geschaffen hat, seine kleine Welt, die aus seinem Ichgesetz besteht und die ihm tagtäglich das zuspiegelt und bringt, was er eingegeben hat.

Wer sich jedoch täglich bemüht, wer das Erkannte bereinigt und das erfüllt, was ihm das Leben zuspiegelt, der muss so manche Ursache nicht voll tragen, weil er daran schon gearbeitet und sie mit Christus behoben hat. Er hat dann noch so viel an Wirkung zu tragen, wie es gut ist für seine Seele. Kommen Schicksalsschläge auf ihn zu, obwohl er bereinigt und erfüllt hat, dann muss er daraus etwas lernen.

Wir sollten uns in unseren Schicksalen erkennen und nicht gegen sie ankämpfen, denn das würde bedeuten, dass wir gegen uns selbst kämpfen – und das verstärken, was wir letztlich selbst verursacht haben, was doch nur wieder auf uns zukommt. In der Annahme unseres Schicksals sollten wir jedoch nicht passiv bleiben und resignieren, sondern im Schicksal den Weg heraus finden, also die Lösung dessen, was uns in diese Situation gebracht hat. Dann erkennen wir unter Umständen den Sinn unseres Erdenlebens.

Im Annehmen des Schicksals und dem gleichzeitigen Erkennen dessen, was unserem Schicksal zugrunde liegt, also der Ursache, die wir selbst geschaffen haben, liegt schon der Weg, der uns aus dieser Situation herauszuführen vermag.

Das Leben im Diesseits besteht für jeden Einzelnen aus der Lebensspanne und der Todesspanne. Die Lebensspanne eines Menschenlebens kann kurz oder lang sein; sie kann Stunden, Jahre oder Jahrzehnte dauern. Es kommt darauf an, was der Einzelne in seinen Vorleben selbst in den Kausalcomputer eingegeben hat und für ihn in diesem Erdendasein zur Bewusstwerdung, zur Bereinigung und zur Erfüllung ansteht.

Dem Menschen wird in der Lebensspanne täglich das gezeigt, was er an diesem Tag – nicht erst morgen – bereinigen soll. Was uns die Tagesenergie heute über unsere Empfindungs- und Gedankenwelt oder über Menschen und Ereignisse zeigt, das, was wir als Fehlverhalten erkennen, sollten wir heute – und nicht erst morgen – bereinigen. Heute liegt in der Erkenntnis die Kraft, unser Fehlverhalten, das Sündhafte, durch den Weg der Vergebung, der Bitte um Vergebung und der Wiedergutmachung, soweit dies noch möglich ist, zu beheben und dann Gleiches und Ähnliches nicht mehr zu tun.

Die Lebensspanne enthält also die Kräfte, rasch zu reagieren; denn was uns heute gezeigt wird, dafür haben wir auch heute die Kraft, um es ablegen zu können. Morgen strahlt wieder eine andere Planetenkonstellation auf uns ein und bringt uns wieder andere Erkenntnisspektren, die wir also auch morgen – an dem Tag, der für uns wiederum »heute« ist – bereinigen sollten. Wir gaben in die Sterne ein, und über die Sterne spiegelt uns das wieder zu, was wir eingegeben haben. Was auf uns zukommt, das hat heute die Kraft; es will heute erledigt werden.

Je bewusster wir leben, um so klarer sind wir, zu erkennen, was uns heute zur Bewältigung zustrahlt. Die Lebensspanne können wir auch als Flexibilitätsspanne bezeichnen. In dieser Spanne können wir unser Sündhaftes bereinigen, weil das Gehirn noch flexibel ist, außer wir haben durch Leidenschaften die Gehirnzellen unflexibel und starr gemacht.

Die Todesspanne hingegen kann als Unflexibilitätsspanne bezeichnet werden, weil die menschlichen Programme eine gewisse Starrheit erlangt haben, weil der physische Leib immer stärker abbaut und der Mensch dadurch nicht mehr so viel wie in der Lebensspanne erfassen kann. In der Todesspanne treten häufig die schwersten Schicksalsschläge auf. Die Seele will das abstoßen, was sich in ihr angehäuft hat und in der Lebensspanne hätte abgetragen werden sollen. Je mehr wir in der Lebensspanne bereinigt haben, um so ruhiger und erfüllter werden unsere Tage in der Todesspanne.

Solange wir uns in der Lebensspanne befinden, kann es wohl viele Gefahrenmomente geben oder Schicksalsschläge, die zum Tode führen könnten, von denen wir sagen: »Wir sind gerade noch gut davongekommen.« In der Lebensspanne können Krankheiten und andere Situationen auftreten, die uns Mahner sind. Achten wir nicht darauf, dann werden wir am Ende der Lebensspanne und in der Todesspanne sehr darunter zu leiden haben; oder wir werden in einer der nächsten Einverleibungen als Kranke, Gebrechliche oder Behinderte zur Welt kommen; oder uns wird unser Schicksal während der nächsten Lebensspanne erreichen. Dann verlieren wir unter Umständen ein Bein, einen Arm, sind gelähmt, werden blind oder taub oder haben andere Schicksalsschläge zu erdulden.

Wann beim Menschen die Todesspanne einsetzt, kann nicht genau gesagt werden, weil die Belastungen jedes Einzelnen unterschiedlich sind. Innerhalb der Todesspanne kann jedoch die Seele zu jedem Zeitpunkt – gleich zu deren Beginn, erst nach einem Viertel oder Drittel oder erst an ihrem Ende – abgerufen werden. Dieses Ende ist dann, was dieses Erdenleben betrifft, endgültig.

Ob der Mensch in diesem irdischen Leben an seinen Ursachen und Wirkungen zu tragen hatte, ob auf ihn Schicksalsschläge zukamen oder nicht – es kommt einzig darauf an, wie er gelebt, was er somit in den Kausalcomputer eingegeben hat und wann dieser das Gespeicherte in der Seele anregt, in der es ebenfalls verzeichnet ist. Das muss nicht in diesem irdischen Dasein sein; der Kausalcomputer kann es auch erst in weiteren Inkarnationen anregen oder in einer Inkarnation gebündelt ausstrahlen. Es kommt also auf die verschiedenen Belastungen an, nicht auf das Wann.

Eines ist sicher: Wenn die Todesstunde gekommen ist, werden wir vom Diesseits in das Jenseits überwechseln. Da es keine Unterbrechung des Lebens gibt, werden wir als Seele das sein, was wir als Mensch gewesen sind.

Mit dem Wechsel der Seinssphäre ist uns das Jenseits zum Diesseits geworden, und das Leben als ehemaliger Mensch ist für die Seele dann das Jenseits.

Die elliptischen Lebensbahnen der Seele im Verlauf ihres Erdenlebens

Im Jenseits sind wir eine Seele ohne physischen Körper. Die Seele schaut dann von ihrem Standort, ihrem »Diesseits«, zur Materie, zum »Jenseits«. Ist sie noch durch Fehlverhalten, Wünsche, Leidenschaften und Begierden an das menschliche Dasein gebunden, dann trägt sie noch erdbezogene Programme. Weist ihr dann der Kausalcomputer den Weg zu einer neuen Einverleibung, dann wird sie von einer ihr selbst vorgegebenen rhythmischen Bahn, in welcher jener Teil ihrer Ursachen gespeichert ist, den sie in einer neuen Einverleibung erkennen und bereinigen soll oder abtragen muss, ins Erdendasein geleitet.

Jede Seele, die sich im Seelenreich auf eine weitere Inkarnation vorbereitet, schaut in sich die Lebens- und die Todesspanne ihres Erdendaseins als Mensch. Sie schaut, welche Ursachen in der Lebensspanne und in der Todesspanne aktiv werden können. Sie schaut auch die Möglichkeiten, diese rechtzeitig zu beheben oder sie in Kürze – in der Zeit ihres Erdenlebens – durch Leid, Krankheit oder andere Schicksalsschläge zu bereinigen, was ihr im Seelenreich in dieser Kürze nicht möglich wäre. Sie schaut auch die Hilfe, die sie als Mensch erhalten würde, und auch, für den Fall, dass sie im Seelenreich bleibt, die Hilfe für ihre Seele. Sie schaut auch alle weiteren Möglichkeiten, z.B. dass sie sich als Mensch aufgrund ihrer mitgebrachten Ursachen noch weiter belasten kann, und es wird ihr bewusst, dass diese neugeschaffenen Ursachen Lasten, also Erdentrübsale, für weitere Inkarnationen sein können. Sie schaut auch die Möglichkeit, aus dem Rad der Wiederverkörperung herauszukommen. Sie schaut auch die Gefahren, von Seelen, deren Verschattungen ihren aktiven Ursachen gleichen, beeinflusst zu werden oder von Interessengruppen von Seelen, die über Energiefelder Einfluss auf den Menschen nehmen.

Die irdische Lebensspanne und die irdische Todesspanne ergeben sich aus den in der Seele liegenden Ursachen, die in diesem Erdendasein aktiv werden können. Die Ausstrahlung der Seele ist die Aura des Menschen. Sie weist auch die Lebens- und die Todesspanne aus.

Eine Seele kann in sich auch einen göttlichen Auftrag gespeichert haben. Ist dieser jedoch von Schuldprogrammen überlagert, dann muss die einverleibte Seele zuerst die Schuldprogramme abtragen, damit sie dann ihren Auftrag erkennen und für das Reich Gottes erfüllen kann. Das sind dann mitgebrachte göttliche Aufgaben, die sie als Mensch ausführen wird.

Es ist auch möglich, dass eine Seele Programme gespeichert hat, die sie von satanischen Kräften oder von Interessengruppen von Seelen übernahm. Sie wird dann von diesen Kräften zur Inkarnation gedrängt, um das auszuführen, was sie angenommen hat. So können Interessengruppen der Seele im Vorleben zu Macht und Reichtum verholfen haben. Das muss sie dann auf Heller und Pfennig zurückzahlen, indem sie für die Gegensatzkräfte tätig wird. Sie muss also das wieder einlösen, was ihr in einer

Vorexistenz geliehen wurde, damit sich der Mensch sehnliche Wünsche erfüllen konnte.

In unserem Erdendasein gibt es nur zwei Möglichkeiten: Entweder wählen wir das göttliche Leben, indem wir uns bemühen, die Gesetze Gottes, die selbstlose Liebe, anzustreben und zu erfüllen, oder wir wählen das Satanische, indem wir täglich in Empfindungen, Gedanken, Worten und Handlungen, in Regungen und Neigungen sündigen. Es gibt also nur diese zwei Möglichkeiten: Entweder Gott anzugehören oder der Finsternis. Christus sagte sinngemäß: »Entweder für oder gegen Mich«, und: »Ihr könnt nicht zwei Herren dienen«.

Im Augenblick der Einverleibung der Seele begibt sich der kleine Erdenbürger auf eine in seiner Seele vorgegebene elliptische Bahn. Eine elliptische Bahn ist ein Strahlungspotential, unter dessen Einfluss oder Einstrahlung der Mensch steht, bis er durch den Allcomputer oder den Kausalcomputer auf eine andere Ellipse, in ein anderes Strahlungspotential, geleitet wird, unter dessen Kräften er dann wieder lebt und entsprechend wirkt.

Der Allcomputer, der das ewige Gesetz der Unendlichkeit ist, strahlt über den unbelastbaren Wesenskern unmittelbar in Seele und Mensch ein.

Der Kausalcomputer hingegen wirkt über die Strahlung des Menschen in die Seele ein und dann von der Seele wieder in den Menschen.

Die vorgegebene elliptische Bahn des kleinen Erdenkörpers ist eventuell für einige Erdenjahre ausschlaggebend – so lange, bis der heranreifende Mensch vom Strahlungsgesetz des Alls wieder auf eine andere elliptische Bahn geleitet wird.

Hat der Mensch die Reife erlangt, um zwischen Gut und Böse zu unterscheiden, dann beginnt intensiv der Lebenslauf der einverleibten Seele. Im Laufe des Erdenlebens, dann, wenn der Mensch mehr und mehr die Verantwortung für sein Leben selbst zu übernehmen vermag, entscheidet er sich auch für die Grundrichtung seines weiteren Lebens. Er trifft nun seine eigene Lebensentscheidung: Begibt er sich auf die materialistische Seite, oder strebt er dem lichten Quell, Gott, zu?

Es ist entscheidend, wie er empfindet, denkt, spricht und handelt. Mit den Werkzeugen seiner Empfindungen, Gedanken, Worte und Handlungen steuert er sein Leben. So, wie er entscheidet, begibt er sich auf die entsprechende Ellipse, oder er bleibt sein ganzes irdisches Leben lang auf seiner Geburtsellipse. Das ergibt sich wieder aus seinem Denken und Leben.

Merken wir uns: Was vom Menschen ausgeht, Positives oder Negatives, geht wiederum in seine Seele ein und wird entweder im Allcomputer registriert oder im Kausalcomputer verzeichnet. Jede Seele und jeder Mensch stehen also kontinuierlich unter der Strahlung, die sie selbst eingegeben haben. Was der Mensch aussendet, das empfängt er; mit diesen Kräften wird er von Ellipse zu Ellipse geleitet oder geschoben.

Manche Menschen wechseln kaum von einer elliptischen Bahn in eine andere; sie wechseln oder springen nur in dieser einen Ellipse von einer Unterregion zur anderen und finden sich zuletzt wieder in der Geburtsellipse ein, auf welche sich die Seele bei der Einverleibung begeben hat.

Das bedeutet, dass die Seele im Erdenkleid, der Mensch also, sich nur in einem engen Lebensbereich aufgehalten hat und in dieser Ellipse kaum etwas abgetragen, eher noch weitere Ursachen hinzugelegt hat. Dann kann gesagt werden: Der Mensch hat sein Erdenleben nicht genützt. Er hat sich durch sein Verhalten wohl auf der einen Ellipse, der einen Bahn mit ihren Unterregionen, ihren Unterellipsen, gehalten, hat jedoch weitere Ursachen geschaffen, die unter Umständen in andere Ellipsen eingingen und noch nicht aktiv wurden.

Wurden diese Ursachen noch nicht wirksam oder wurden aktive Ursachen durch äußere Störungen umgangen, dann kann es unter Umständen möglich sein, dass das ganze irdische Leben eines Menschen lang und gut verläuft. Er hat dann durch sein Denken und Leben nur den Schauplatz der Abtragungen auf eine oder weitere Inkarnationen verlegt.

Im Innersten jeder Seele ist der unbelastbare Wesenskern, auch der Gottesfunke genannt, der die Seele als geistigen Leib bewahrt und den Menschen am irdischen Leben erhält. Ähnlich, wie die Gestirne um die Sonne kreisen, so zieht auch der Mensch seine Lebensbahn um den Wesenkern, Gott, den Gottesfunken. Je nach ihrer Belastung ist die Seele licht und somit näher am Gottesfunken oder weiter entfernt.

Entwickelt sich der Mensch geistig nicht oder nur wenig, dann kann er nicht auf eine höherschwingende Ellipse wechseln, die ihn näher an Gott, das Innere Licht, an den Gottesfunken, heranführt. Entweder bleibt er dann auf der einen elliptischen Bahn, auf die sich die einverleibte Seele, der Mensch, bei der Geburt begeben hat – oder die Seele und der Mensch fallen in äußere Ellipsen und entfernen sich durch die Sünde noch mehr von Gott.

Wenn sich der Mensch von Ellipse zu Ellipse Gott nähert, dann tritt er in die Gnadenstrahlung Gottes ein. Gott, das Innere Licht, führt dann die Seele und den Menschen. Dann kann die Gnade, so es gut ist für die Seele, die irdische Lebensspanne verlängern, denn insbesondere in der Lebensspanne fließen in die Seele und in den physischen Leib vermehrt Lebenskräfte ein. Durch die Gnadenstrahlung verkürzt sich die Todesspanne.

In der Todesspanne gehen die Lebenskräfte ganz allmählich zurück, um die Seele auf das Jenseits vorzubereiten. Steht der Mensch in der Gnadenstrahlung, dann benötigt die Seele nur einige wenige Erdenjahre, um sich allmählich aus dem Körper zurückzuziehen.

Bei einer belasteten Seele hingegen, die sich mehr und mehr von Gott, dem Inneren Leben, entfernt, kann die Todesspanne zehn, zwanzig oder noch mehr Jahre dauern. Wenn der Mensch sein irdisches Leben vergeudet hat, indem er nur das Materielle als den Maßstab aller Dinge sah, dann kann, wie dargelegt, der Mensch gerade in der Todesspanne, dann, wenn in dieser Phase mehrere Ursachen aktiv werden, unter dem Druck der Wirkungen – durch Siechtum, Schicksalsschläge, Krankheiten und weiteres mehr – sehr leiden.

Das Sterben, also das Hinscheiden jedes Menschen, vollzieht sich ganz individuell, je nach Belastung der Seele und je nachdem, ob Ursachen aktiv sind und in welchem Grad sie geschaffen wurden und in welchem Maß sie ausfließen. Jeder Mensch stirbt also anders. Deshalb kann auf das Hinscheiden im Einzelnen nicht näher eingegangen werden.

Gefahren für die Seele im Erdenkleid: Beeinflussung und Steuerung durch dämonische Kräfte und durch Interessengruppen von Seelen

Die Gefahren für die Seele im Erdenkleid sind mannigfach. Im gleichen Maße und darüber hinaus – dann, wenn der Mensch in die Gnadenstrahlung Gottes gelangt – besteht jedoch im Erdenkleid die Chance, in Kürze das abzutragen, was als Seele nur in langen Zyklen möglich wäre.

Fällt der Mensch durch gravierende weitere Ursachen immer tiefer und gelangt er durch Aggressionen, Hass, Hochmut oder Abwertung seiner Nächsten außer sich, dann ist seine Seele nicht mehr oder nicht mehr ganz im Körper. Dadurch stellt er seine Lebensprogramme automatisch anderen Kräften zur Verfügung. Er wird dann auch von diesen beherrscht und, je nachdem, welche Seelen oder Interessengruppen von Seelen hinter ihm stehen, so lange benützt, bis er kaum mehr über Lebensenergie verfügt oder bis der Mensch für sie uninteressant geworden ist.

Interessengruppen von Seelen – die meist über Energiefelder wirken – oder auch Seelen, die unmittelbar auf den Menschen Einfluss nehmen, sind bestrebt, ihr Opfer immer wieder auf andere seiner Ellipsen zu steuern, so dass es von einer Ellipse zur anderen überwechselt. Dieser Vorgehensweise liegen ausgeklügelte Pläne jener Seelen zugrunde, die sich eines irdischen Körpers bemächtigt haben, um auf dieser Erde das noch zu bewirken, was sie als Menschen nicht vollbringen konnten. Sie steuern ihr Opfer so, wie sie es einsetzen wollen. Dabei nehmen sie weder auf die Lebens- noch auf die Todesspanne Rücksicht. Bestehen z.B. innerhalb der Todesspanne Trennungslinien zwischen Seele und Mensch – also Hinscheidungsphasen, die wirksam werden, je nachdem, wie der Mensch gelebt hat –, dann können die Interessengruppen von Seelen, die den Körper eines Menschen besetzt halten, so auf diesen einwirken, dass er eine dieser Hinscheidungsphasen überspringt, damit sie seinen Körper weiter benützen können.

Interessengruppen von Seelen, die einen Körper besetzt halten, können auch vor dem Eintritt der Wirkungen von Ursachen, die auf den Menschen zukommen würden, den Menschen auf einen anderen Weg führen. Durch vermehrte Einspritzungen in die Kommunikationen, in die Abläufe zwischen den Belastungen der Seele und dem Kausalcomputer, bewirken sie in dem Menschen, dass dieser sodann, für ihn unbewusst, auf eine andere Belastungsellipse überwechselt. Dadurch umgehen sie Ursachen, die zur Wirkung gekommen wären, die ihr Werkzeug, ihr Opfer also, z.B. durch Krankheit unfähig gemacht hätte, für sie zu wirken.

Durch dieses Eingreifen in den Ablauf eines Menschenlebens gelangt der Betroffene in Ellipsen, die ihn vom Göttlichen mehr und mehr hinwegführen. Interessengruppen von Seelen können also den Menschen so steuern, dass dieser, kurz bevor ihn eine Ursache trifft, auf eine andere elliptische Bahn überwechselt. Dann geht es dem Menschen weiterhin gut, und die Seelen können ihn dann auch weiter für ihre Zwecke gebrauchen.

Es gibt also Interessengruppen von Seelen, welche die Gesetzesfolge im Gesetz von Saat und Ernte kennen, die von den Ellipsen wissen und darüber, wie sie Menschen steuern können, die sich dem Negativen verschrieben haben oder die trotz besseren Wissens immer wieder die gleichen Sünden begehen. Über solche steuerbaren Menschen verfolgen sie dann ihre Interessen in der Welt.

Ich wiederhole: Durch Einspritzungen in die Kommunikationen zwischen den Programmen der Seele und dem Kausalcomputer steuern diese Seelen den Menschen so geschickt, dass er immer wieder rechtzeitig eine Ellipse verlässt, bevor auf dieser, auf der er sich augenblicklich bewegt, Ursachen ausbrechen. Unter Umständen kann ein solcher Mensch, abgesehen von einigen Unpässlichkeiten, welche Mahnungen sind, in seinem irdischen Leben gesund und erfolgreich sein, ohne schwere Krankheiten, ohne Leid und Sorgen.

Diese Seelen nehmen also sogenannte »Einspritzungen« von Negativenergien vor, so dass die Seele und der Mensch sich dann auf eine andere elliptische Bahn bewegen.

Diese Einspritzungen in fließende Programme, also in Kommunikationen, bewirken diese Seelen, indem sie die »Werkzeuge« des Menschen benützen, seine Empfindungen, Gedanken, Worte und Handlungen, oder indem sie auf seine Leidenschaften, Wünsche und dergleichen Einfluss nehmen. Dadurch beginnt der Mensch, in eine bestimmte Richtung zu denken, zu sprechen und zu handeln oder seinen Leidenschaften zu frönen wie übertriebene Sexualität, Trunksucht, Essgier und vieles mehr. Dadurch fallen Seele und Mensch in einen entsprechend niederen Körperrhythmus. Sie kommen entweder in eine depressive oder eine erregende Vibration. Dadurch gelangen Seele und Mensch auf eine entsprechende elliptische Bahn, auf eine andere Schwingungsebene.

Für die jenseitigen Interessengruppen gibt es also unzählige Varianten, um den Menschen zu beeinflussen, um solche und ähnliche Eingriffe in das persönliche Leben eines Menschen vorzunehmen. Meist weiß es der Mensch nicht, wenn er diesen Manipulationen unterliegt. Oftmals wird er erst nach seinem Leibestode als Seele gewahr, dass er sich belastet hat, darüber hinaus gleichsam ein Bündnis mit negativen Kräften eingegangen ist, diesen gedient und nicht selten sich auch verpflichtet hat, dem Gegensätzlichen weiterhin zu dienen.

In den Astralwelten bestehen unzählige Interessengruppen von Seelen, die in dieser Welt durch Menschen wirken, die ihnen gefügig sind. Es sind z.B. Interessengruppen von Seelen, die als Menschen Wissenschaftler waren und die vom Seelenreich aus auf ihresgleichen Einfluss nehmen.

Das Gleiche gilt für Interessengruppen von Seelen aus den verschiedenen Konfessionen und Glaubensrichtungen, die auf Menschen einwirken, die innerhalb dieser Konfessionen und Glaubensrichtungen Obrigkeiten sind und so die Möglichkeit haben, auf viele Gläubige einzuwirken, die ihrer äußeren Lehre folgen.

Es bestehen Interessengruppen von Seelen, die einst als Menschen in führenden Positionen der Regierungen standen. Diese nehmen nun in den einzelnen Staaten auf diejenigen der Regierenden Einfluss, die hierfür eine entsprechende Antenne haben.

Es bestehen Interessengruppen von Seelen, z.B. von ehemaligen Ärzten, die wiederum auf bestimmte Gruppen von Ärzten, von Menschen also, einwirken.

Es bestehen Interessengruppen aus Seelen ehemaliger Oberbefehlshaber aus den verschiedenen Kriegen, die Einfluss auf Menschen nehmen, die in einflussreichen Positionen stehen, um eventuell wieder geschickt kleinere oder größere Kriege anzuzetteln.

Es besteht also eine Vielzahl solcher Interessengruppen von Seelen, die durch Menschen auf der Erde in dieser Welt ihre Interessen verfolgen und ihrem Willen entsprechend wirken.

Ob es Interessengruppen von Seelen sind oder einzelne Seelen, die auf Menschen Einfluss nehmen – alle haben ein und dasselbe Ziel: entweder auf der Erde durch Menschen das zu erreichen, was sie in Vorinkarnationen als Menschen nicht erreicht haben, oder, wenn es um Einzelseelen geht, durch Menschen ihre in der Seele bestehenden Wünsche und Leidenschaften zu genießen oder die Menschen anzuregen, hektisch, aggressiv, neidisch, feindselig, streitsüchtig und dergleichen zu sein, um Negativenergie zu erhalten.

Der Dämonenstaat hat riesige Depots von Negativenergie, die er ganz gezielt einsetzt, um Menschen für seine Zwecke zu missbrauchen. Jedesmal sind die negativen Empfindungen, Gedanken, Worte und Handlungen des Menschen, die massiven Leidenschaften und Wünsche, Neid, Streit, Zank, Eifersucht oder Hochmut die Sende- und Empfangsstationen für die Beeinflussung, Steuerung und Besetzung.

Jeder Mensch entscheidet selbst, ob er sich solchen Kräften aussetzen oder ob er sich dem Geiste Gottes zuwenden möchte, indem er die Gebote des Lebens erfüllt und die Wegweisungen der Bergpredigt Schritt für Schritt verwirklicht.

Jeder Mensch hat den freien Willen, sich für gut, weniger gut oder böse zu entscheiden. Entscheidet er sich für das Gute, dann nähert er sich dem Wesenskern, dem Gottesfunken. Gott, das ewige Licht, steht sodann der Seele und dem Menschen mehr und mehr bei, weil sich der Mensch Gott zuwendet. Seele und Mensch haben dann auf ihrem Lebensweg so manche Ursache nicht zu tragen, weil der Ewige das Gegensätzliche, das der Mensch Ihm rechtzeitig übergibt, umwandelt als Folge des lauteren Lebens der Seele und des Menschen.

Jeder Mensch entscheidet über sein irdisches Leben selbst. Jede Entscheidung hat Folgen – entweder hin zum Positiven, zum Göttlichen, oder heraus aus dem Strom des ewigen Lebens, hin zum Menschlichen, zum Gegensätzlichen.

Was ich hier beschrieben habe, betrifft die Seele und den Menschen im Diesseits und die Seele im Jenseits. Wir sind nur eine gewisse Zeit, also für Jahre, im Diesseits. Von der Geburt bis zu dem sogenannten Tod sollten wir uns auf ein lichtes Leben im Jenseits vorbereiten.

Karmagesetz:
Wir ernten, was wir gesät haben.
In den Augenblicken des Tages liegt
die Chance der Bereinigung

Wir haben gelesen, dass alles Bewusstsein ist. Somit ist auch unsere Seele, der inkarnierte geistige Leib, Bewusstsein. Das geistige Bewusstsein besteht aus unzähligen Facetten inneren Lebens. Es sind die Bewusstseinsaspekte des Geistigen in den Naturreichen, in den Gestirnen der Unendlichkeit und in unserem Nächsten. Alle diese Bewusstseinsaspekte kommunizieren untereinander, denn Gleiches steht ständig mit Gleichem in Kommunikation.

Sind in unserer Seele Aspekte oder Facetten des geistigen Bewusstseins durch die Sünde getrübt, dann sind diese reinen Bewusstseinsaspekte für den Menschen nicht wahrnehmbar.

Werden die Ursachen, die Trübungen der Seele, vom Kausalcomputer aktiviert, dann beginnen sie, wirksam zu werden, und treten mit diesem verstärkt in Kommunikation. Diese aktiven Ursachen wirken sich sodann auch in und am physischen Leib aus. Die Seele – der Mikrokosmos – kommuniziert sodann mit ihren eigenen Belastungsprogrammen, die in den Gestirnen gespeichert sind. Nur der unbelastbare Wesenskern der Seele hält die Kommunikation zum Makrokosmos, zum reinen Sein.

Entsprechend der Belastung der Seele wird diese energiearm. Da alles Bewusstsein ist, so sind auch alle Bausteine des physischen Leibes – die Zellen, die Organe, die Blutgefäße usw. – Bewusstsein. Können sie nicht mehr genügend mit geistiger Lebenskraft, mit dem Odem des Alls, versorgt werden, weil sich der Mensch durch die Sünde von Gott abgewandt hat, dann verarmen die Körperzellen und Organe.

Ist also der Mikrokosmos, die einverleibte Seele, nicht in Harmonie mit dem Makrokosmos, mit dem reinen Sein, dann kann auch ihr physischer Leib nicht mehr genügend mit Energie versorgt werden. Das bedeutet, dass dann Teile des Körpers erkranken.

Krankheit, Unfall, Schicksal und vieles mehr können zum Tode des Leibes führen, jedoch nicht zum Tode der Seele. Die Seele, der Mikrokosmos im Makrokosmos, ist tod-los. Sie lebt weiter. Wie? Das bestimmt jeder einzelne Mensch selbst durch sein Persönlichkeitsgesetz, das Ichgesetz, auch Karmagesetz genannt. Was also der Mensch sät, das wird er ernten. Der Mensch wird so lange seine Saat, seine Ursachen, in vollem Umfang ernten, bis er die Konflikte, die Probleme, die zu Ursachen geführt haben, löst und sich den kosmischen Gesetzmäßigkeiten zuordnet, die seinem reinen Geistleib eigen sind.

Was die Seele aus den zurückliegenden Inkarnationen mit in ihre derzeitige Verkörperung nahm und was sie in dieser Einverleibung verursacht hat, das hat der Mensch, sofern es aktiv ist, zu tragen. Deshalb ist das Gesetz von Ursache und Wirkung, das Karmagesetz, auch das Ausgleichsgesetz. Nicht der Nächste trägt, was ich verursacht habe, sondern ich allein trage das, was ich selbst verschuldet habe. Mein Nächster kann in und an mir nichts verursachen.

Immer bin ich derjenige, der meine Ursachen schafft. Mein Nächster kann lediglich dazu beitragen, dass ich Ursachen schaffe oder Ursachen vergrößere, doch dann liegt auch hierfür der Magnet in mir, der das anzieht, was mein Nächster aussendet. Der Betreffende wird dann wohl zum Mitverursacher; er trägt jedoch nur sein Maß an Ursachen – und ich das meine.

So lange wird der Mensch mit ein und denselben Ursachen, also Problemen, Gedanken, Wünschen, Leidenschaften, konfrontiert, bis er diese Gegensätzlichkeiten mit dem Christus-Gottes-Geist, dem Inneren Licht, löst und sich dadurch vom Rad der Wiederverkörperung befreit.

Alle unsere Empfindungen, Gedanken, Worte und Taten warten nur darauf, sich uns wieder kundzutun. Das erfolgt durch Probleme, Schwierigkeiten und Krankheiten, durch Leid, Sorgen und vieles mehr. Was uns noch anhängt und belastet, drängt sich auch immer wieder in unsere Gedankenwelt; wir sprechen davon, diskutieren darüber und geben so dem Unbewältigten immer wieder Raum und Energie. Das geht so lange, bis wir diese Komplexe nicht mehr mit gleichen oder ähnlichen Gedanken nähren, sondern die Kommunikationen unterbinden, die Programme mit dem Geist des Herrn auflösen und uns so hinwenden zu dem kosmischen Gesetz der Harmonie, der Liebe, des Friedens, der Gesundheit, der Weisheit und Kraft.

Wir haben also unsere eigene Welt, unsere Kokonwelt, geschaffen, in die wir eingesponnen sind. Sie besteht aus unseren Empfindungen, Gedanken, Worten und Handlungen, aus unseren Leidenschaften und Wünschen. Sie ist unser selbstgeschaffenes Ichheitsgesetz, das im Rad der Wiederverkörperung, im Karmagesetz, eine oder einige Facetten bildet, die zu uns gehören. Wir tragen also die volle Verantwortung für unser Schicksal, für unsere Krankheit, für unsere Leiden und Nöte.

Auch wenn wir uns gegen diese Wahrheit noch so sehr auflehnen: Wir tragen, was wir gesät haben – es sei denn, wir bereinigen rechtzeitig. Dazu verhilft uns die Tagesenergie – die Impulse des Tages, die uns über Ereignisse, über Menschen, Gedanken und Gefühle zugespiegelt werden. Wir sind also für unser Leben eigenverantwortlich.

Deshalb können wir niemals die Schuld für unsere Probleme und Krankheiten unserem Nächsten anlasten. Wir können auch die Schuld nicht einzig den Krankheitserregern geben oder vom Zufall sprechen. Es gibt in der ganzen Unendlichkeit keine Zufälle. Alles ist Kommunikation und somit Anziehung.

Jeder Tag, der uns, dem Menschen, gegeben ist, enthält gleichzeitig auch die Chance umzukehren.

Jeder Tag bringt auch Aspekte zur Ansicht mit aus dem, was wir in den Kausalcomputer, in das Rad der Wiederverkörperung, eingegeben haben, auf dass wir es rechtzeitig erkennen und bereinigen.

Nützen wir die Chance, die vielen wertvollen Augenblicke des Tages, nicht, dann kommt es uns oft so vor, als würden wir von Gedanken, Theorien und Menschen bedrängt werden. In Wirklichkeit werden wir von dem bedrängt, was wir selbst sind, von unseren Ursachen, die im Kausalcomputer verzeichnet sind. Die Aspekte des Tages zeigen uns nur das, was wir selbst sind und was wir heute erkennen und bereinigen sollten.

Leben wir nicht im Augenblick, da wir uns mit unwesentlichen Dingen – eventuell mit unserer Vergangenheit oder mit der Zukunft – beschäftigen, so nützen wir nicht die vielen Chancen, die uns der Tag bringt. Ganz im Gegenteil, wir vergrößern unsere Probleme und Schwierigkeiten durch gleiche oder ähnliche Empfindungen, Gedanken, Worte oder Handlungen, oder wir verstärken die Krankheit durch Jammern und Wehklagen; dann bauen wir weiter an unserem Schicksal. Die magnetische Seele registriert alles, was von uns ausgeht. Es geht wieder in die Seele und in den Kausalcomputer ein.

Das Sterben.
Der Weg der Seele in die ihr entsprechenden jenseitigen Bereiche

Während der Todesspanne beginnt die Seele, der feinstoffliche Leib, sich ganz allmählich – für uns kaum wahrnehmbar – im physischen Leib zu lockern. Wenn schließlich unsere Todesstunde naht, löst sich die Seele vom irdischen Körper, um dann, wenn der Atem des Menschen stillsteht, sich ganz aus dem Körper herauszuziehen und sich von der Erde zu entfernen, vom Diesseits, das nun für sie zum Jenseits wird.

Die Seele verlässt nur dann die materielle Welt, die Erde, um in die Reinigungsebenen zu gehen oder in lichtere Bereiche aufzusteigen, sofern sie diese in sich erschlossen hat. Sie bleibt jedoch in der materiellen Welt, wenn sie noch am irdischen Leben hängt, wenn noch Unverziehenes oder die Sehnsucht nach Wohlstand und Genuss sie an die Materie bindet.

Tritt der physische Tod auf normale Weise ein, indem der Körper immer schwächer wird – nicht dagegen bei einem plötzlichen Unfalltod –, so läuft im Menschen einige Stunden vorher oder nur einige

Minuten oder Augenblicke vor dem Hinscheiden ein sogenannter Lebensfilm ab. Wenn die Seele sich aufmacht, den irdischen Leib zu verlassen, lockert sie sich, und es werden auch das Unterbewusstsein und einige Belastungen der Seele aktiv, die sodann den Lebensfilm ergeben.

Seele und Mensch erkennen in dem Lebensfilm – in den Bildern – Situationen, die sie jetzt entweder in Gedanken oder noch mit Worten bereinigen können. Die Situationen, die sich in den Bildern darstellen, kommen der Seele und dem Menschen ganz nahe. Plastisch, wie gegenwärtig, erleben es Seele und Mensch – so, als ob dies, was einst war und nicht bereinigt wurde, jetzt geschehe.

Die Situationen beginnen in der Seele und im Menschen zu leben, als würde sich alles in diesem Augenblick abspielen. Einige Aspekte dieser Situationen beginnen zu drängen. Sie legen sich auf das Gemüt des Menschen. Der Mensch beginnt dann, schwer zu atmen, reißt unter Umständen die Augen auf oder verändert seine Mimik. Er beginnt eventuell zu gestikulieren oder möchte etwas sagen. Gleichzeitig spürt er eine unsichtbare Hilfe, die ihm mitteilt, dass es genügt, wenn er das, was er nun erkennt, in Gedanken bereinigt, weil er nicht mehr sprechen und handeln kann.

Vollbringen dies die wache, gottergebene Seele und der Mensch von Herzen durch Reue, dann kann in den letzten Augenblicken des irdischen Daseins so manches abgegolten werden. Voraussetzung ist jedoch – dann, wenn es um Mitmenschen geht –, dass diese bereit sind, von Herzen zu vergeben. Wenn dies nicht der Fall ist, dann bleibt die Seele weiterhin an diese Ursachen gebunden und auch an die Seele des betreffenden Menschen, der nicht vergeben hat.

Deshalb prüfe sich jeder, bevor er spricht und handelt. Wie rasch ist etwas gesagt, das zu einem Streit führt. Worte können gleich Schwertern sein, die das Gemüt eines Menschen durchbohren. Wenn daraufhin das Ich des Menschen aufbegehrt, wenn es sich aufbläht, dann kann daraus eine Kette von Ursachen entstehen.

Nimmt der Mensch seinen irdischen Tod an, hat er sich in seinem irdischen Leben darauf vorbereitet, so erfährt er in den Sterbestunden ganz bewusst die Gnade Gottes. Die sich vom Körper lösende Seele und der Mensch erleben dann diesen Lebensfilm mit vollem Bewusstsein. Solange die irdische Atmung den Leib noch weitgehend durchpulst, betrachten Seele und Mensch ganz ruhig das, was zur Bereinigung ansteht. Sie empfangen dann auch die Kraft und die Möglichkeit, die Bereinigung noch im vollen Bewusstsein zu vollziehen. Durch die Gnade des Herrn wird dem Menschen die Möglichkeit gegeben, das Erkannte in Gedanken oder mit Worten anzusprechen und so weit zu beheben, wie es nach dem Gesetz von Saat und Ernte noch geschehen kann.

In unseren letzten irdischen Tagen und auch in unseren letzten Erdenstunden, also kurz vor unserem irdischen Tod, wird jedem nur so viel bewusst, wie er bewältigen könnte.

Jede Bewusstwerdung, auch die Bewusstwerdung in der Stunde des Todes, bringt die Kraft mit, das Erkannte zu bereinigen durch Vergebung, durch Bitte um Vergebung und, soweit es noch möglich ist, durch Wiedergutmachung. Ob die Seele und der Mensch diese Wahrnehmung erfassen, das liegt einzig daran, wie der Mensch gedacht und gelebt hat.

Während des ganzen irdischen Daseins, bis die Augen brechen und die Seele ohne irdischen Leib weiteratmet, werden dem Menschen von der göttlichen Welt Hilfen über Hilfen gegeben. Nach dem Leibestod gehen die Hilfen aus der göttlichen Welt für die Seele weiter, jedoch auf eine ganz andere

Art und Weise; denn in den Reinigungsebenen heißt es Abtragung und nicht Bewährung wie auf der Erde.

Wir haben also bis zum letzten irdischen Atemzug die Möglichkeit, einiges Gegensätzliche – das, was uns bewusst wird – zu bereinigen und uns somit von dieser Last zu befreien. Unsere Seele nimmt das mit, was wir nicht bereinigt haben. Mit all dem erreicht sie im Jenseits nur die Ebene, die ihrem Bewusstseinsstand entspricht. Von dieser wird sie angezogen.

Jeder Mensch bestimmt also selbst, ob sein Jenseits für ihn zum Himmel oder zur Hölle wird. Jede Seele erlebt ihre eigenen Seelenbilder, das, was sie mit ihren Werkzeugen des Empfindens, Denkens, Sprechens und Handelns geschaffen hat. In diesen Bildern lebt die Seele weiter. Die Bilder dessen, was sie selbst in sich und in den Kausalcomputer eingegeben hat, bewirken in ihr Freud oder Leid.

Die Seele wird mit solchen Seelen zusammensein, die gleiche oder ähnliche Bildsituationen in sich tragen. Jede Seele sieht sich und ihre Umgebung im Jenseits so, wie ihre Bilder sind, die sie mit ihrer Empfindungs- und Gedankenwelt, mit ihren Worten und Handlungen geschaffen hat. Die

Seele kann diesem bildhaften, gleichsam traumhaften Zustand nicht entrinnen. Es gibt im ganzen Universum keinen Schlupfwinkel, um sich vor dem, was die eigenen Bilder widerspiegeln, zu verbergen. Es gibt auch keine Tablette, um die Schmerzen zu lindern und aufzuheben, die sie als Mensch ihren Mitmenschen zugefügt hat und die sie nun selbst erleiden und erdulden muss.

Womit wir uns als Mensch beschäftigen, das umgibt uns als Mensch, und das umgibt uns auch als Seele. Unsere kleine Welt ist hier und dort. Wir nehmen alles mit uns, das Licht und die Schatten – das, was wir als Mensch geschaffen haben.

Hat der Mensch die irdischen Tage genützt, hat er seine vergangenen Inkarnationen weitgehend gesühnt und bereinigt, hat er jeden Tag bewusst gelebt und sich bemüht, die Gesetze des Alls, die kosmischen Liebegesetze, zu erfüllen, dann wird die Seele nach ihrem Leibestode in lichte, feine Strahlsphären gehen, und sie wird mit lichten Wesen weiterleben, mit denen sie schon als Mensch verbunden war.

Die dunkle Seele hingegen wird an ihren Klägern vorbeiziehen, die sie wegen ihres Verhaltens als Mensch anklagen und beschuldigen, die sie angreifen und im Inneren hetzen und jagen, die auf sie bedrohend einwirken und ihr das Höllenfeuer bereiten, weil sie ihre Hölle mitgebracht hat.

Hat der Mensch den letzten Atemzug getan, dann wird die lichte Seele von lichten Wesen abgeholt, die dunkle Seele von dunklen Gestalten, die sie unter Umständen im Erdendasein als Mensch für ihre Zwecke benutzt haben und sie nun wieder dafür benützen wollen, eventuell in einer weiteren Inkarnation.

Eine lichte Seele wird in einer lichten, schönen Umgebung leben, in einer Landschaft, die so schön und harmonisch ist, wie die lichten Empfindungen, Gedanken, Worte und Handlungen des Menschen waren. Eine dunkle, düstere Seele wird auch nur Düsteres antreffen. Die Landschaft, die eine solche Seele umgibt, wird genauso trostlos sein, wie als Mensch ihre Werkzeuge, ihre Empfindungen, Gedanken, Worte und Handlungen, waren.

Das Jenseits besteht also aus düsteren Bereichen des Grauens, des Leidens und der inneren Not, und auch aus lichten, feinen Höhen mit herrlichen Landschaften, deren Farben ein Zauber von Harmonie und Symphonie sind.

Im Jenseits verständigen wir uns genauso wie im Diesseits, haben jedoch nicht die Worte der Menschen. In den meisten Fällen findet zuerst nur ein sogenannter Empfindungs- und Gedankenaustausch statt, der bildhaft verläuft. Die Seele weiß jedoch, was zu ihr gesagt wird, denn es entspricht ihrem Bewusstsein.

Alles, was wir als Seele empfinden, wirkt sich an uns, am Seelenleib, unmittelbar aus. Wir sehen alles in Bildern, leben darin und empfinden auch das, was die Bilder uns übermitteln. Die selbstlose Bildsprache baut uns auf und führt uns immer tiefer in die Gesetzmäßigkeiten des Lebens. Über unsere Bildsprache wirken auch die Lehrengel, die uns entsprechend unserem Bewusstseinsstand unterweisen. Was sie uns übermitteln, sehen und erleben wir in uns selbst, in unserem Seelenleib. Gleichzeitig empfinden und spüren wir, was sie uns mitteilen.

Die Gott zugewandte Seele verspürt die herrliche Lichtsprache der reinen Wesen als aufbauend, stärkend und hinführend zu dem großen Sein, wonach sich die lichte Seele sehnt.

Die dunkle Seele hingegen, die in sich die gehässigen Worte trägt, die sie als Mensch ihren Mitmenschen zugeschleudert hat, empfindet und verspürt nun als Seele bildhaft in und an ihrem Seelenleib diese Bosheiten; sie wirken sich als Schmerz und Leid aus, ähnlich, wie es ihren Mitmenschen erging, als sie diese so behandelte.

Seelen, die als Menschen im satanischen Denken Reden und Tun gelebt haben, sind meist erdgebundene Seelen. Sie hängen sich an Menschen, die ihre Sprache sprechen. Lässt sich ein Mensch hierfür gebrauchen – weil er ähnlich veranlagt ist wie die Seele, die ihn benützt –, dann trägt er auch einen Teil der gegensätzlichen Empfindungen und Gedanken dieser Seele in sich. Die schon im beeinflussten Menschen vorhandene Gehässigkeit, sein Drängen und Wollen verstärken sich durch die Einflussnahme; er wird noch aggressiver und feindseliger als bisher.

Auf diese Weise können erdgebundene Seelen lange Zeit ihre Menschlichkeiten leben. Erst wenn mehrere Ursachen auf einmal in der erdgebundenen Seele wirksam werden, dann wird sie gleichsam aus ihrer Vampirbahn geschleudert und in jenen Bewusstseinsbereich hineingesteuert, der für sie Hölle ist, weil sie die Hölle in sich trägt. Dann leidet die Seele unter ihrer eigenen Sprache und unter ihren eigenen Handlungen – unter all dem, was sie sich als Mensch auferlegt hat.

Dafür, dass eine Seele Menschen beeinflusst, muss sie nicht abtragen; denn eine erdgebundene Seele lebt traumwandlerisch, also in ihrer Vorstellungswelt, die nicht belastbar ist. Außerdem gibt sich der Mensch der Beeinflussung aus freiem Willen hin, indem er sich bewusst von den göttlichen Gesetzen abwendet, von den Zehn Geboten, die Auszüge aus dem göttlichen Gesetz sind. Nur deren Erfüllung gibt ihm Schutz vor solchen Einflüssen.

Wir sollten wissen: Das Jenseits, in welchem die Seelen leben, ist die Abtragungsstätte – die Erde hingegen, auf der die Menschen leben, ist die Bewährungs- und Abtragungsebene. Im Jenseits kann sich die Seele also nicht mehr in dem Maße bewähren wie auf der Erde. Sie kann durch Reue Vergebung erlangen, aber nicht mehr durch ein Leben der Verwirklichung und der Umwandlung des Gesetzwidrigen in gesetzmäßiges Leben wiedergutmachen.

Wir sehen also auf der Erde die Gefahren und zugleich auch die Chancen. Beide, die Gefahren und die Chancen, liegen nebeneinander: Licht und Finsternis; der Retter, Christus, und der Dämon.

Das Leben und die Entwicklung der Seele in den jenseitigen Welten. Erdgebundene Seelen

Das Jenseits, die Reinigungs- und Vorbereitungsebenen, bestehen aus mehr oder weniger leicht verdichtetem Stoff, aus mehr oder weniger verdichteter, heruntertransformierter geistiger Substanz. Wir nennen sie daher global feinstofflich. Diese Bereiche und Formen gleichen schwingungsmäßig den Seelen, welche diese Ebenen bewohnen. Sie sind für die Seele ebenso »Wirklichkeit« wie die Materie für den Menschen.

So, wie auf der Erde der Geist Gottes verschiedene Lehrstufen für die Menschen hat, damit sich Seelen und Menschen höher entwickeln und höhere Bewusstseinsgrade erlangen können, um dann als Seele in höhere Lebensbereiche einzugehen, ist dies auch in den Seelenreichen gegeben. Auch in den Reinigungsebenen, in den jenseitigen Sphären, gibt es die Lehrstufen des Weges zu Gott. Jeder Seele wird es freigestellt, die Lehren anzunehmen oder zu lassen.

Möchte eine Seele lernen, um immer mehr im Geiste Gottes zu leben, um aus der Enge ihres

Bewusstseinsstandes herauszufinden, dann wird ihr diese Bitte von Lehrengeln, auch Lehrwesen genannt, sofort erfüllt. Die Boten Gottes stehen immer bereit, ihren Seelengeschwistern zu dienen und zu helfen. Da jedoch allezeit der freie Wille gewahrt wird, warten die Boten Gottes, bis ihre Seelengeschwister die Dienste und die Hilfe von Herzen wünschen. Ohne ernsthafte Bitte keine Hilfe. Das ist das Gesetz der absoluten Freiheit. Lichte Wesen nähern sich nur dann den Menschen und auch den Seelen im Jenseits, wenn Mensch oder Seele es auch wollen.

Eine Seele wird also durch das Sterben weder klug noch unklug, weder dunkler noch lichter. Was der Mensch in den Mikrokosmos, die Seele, eingegeben hat, das strahlt die Seele auch im Jenseits aus. So kann gesagt werden: So, wie der Baum fällt, so bleibt er liegen. Das Leben geht weiter. So, wie ich sende, so empfange ich – auch im Jenseits. Nur dass es im Jenseits wesentlich schwieriger, schmerzhafter und langwieriger ist, von den selbstauferlegten Belastungen frei zu werden.

Jedes reine Geistwesen hat einen ewigen himmlischen Namen, der absolut eins mit dem ewigen Strahlengesetz, Gott, ist.

Auch jeder Mensch hat einen Namen. Bei der Geburt des Kindes entspricht der Name, vor allem der Vorname, dem Bewusstseinsstand der Seele. Je nach Entwicklung der Seele im Menschen ändert sich der Seelenname. Der Geburtsname bleibt für den Menschen bestehen, jedoch nicht der Bewusstseinsname der Seele; er gleicht dem Bewusstseinsstand.

Die Seele wechselt also ihre Namen je nach ihrem Bewusstseinsstand. Die Ausstrahlung der Seele ist der Name der Seele, der wiederum im Kausalcomputer gespeichert ist. Die Seele wird mit diesem ihrem derzeitigen Namen gerufen.

Ob die Seele des Nachts, wenn der irdische Körper schläft, zu den ihrem Bewusstseinsstand entsprechenden Ebenen geht oder ob sie nach dem Leibestod ohne irdischen Leib ist – sie kennt ihren jeweiligen Bewusstseinsnamen, mit dem sie gerufen wurde und wird. Sie wird mit ihrem derzeitigen Bewusstseinsnamen von höheren, lichten Wesen gerufen, von lichteren Seelen, oder von dunklen Seelen – von ihrem Bewusstseinsstand hängt es ab, in wessen Gesellschaft sie sich befindet.

Geht die Seele wieder zur Einverleibung, dann strahlt sie ihren Bewusstseinssnamen durch die physische Hülle. Der ausstrahlende Bewusstseinsname strahlt in die Empfindungswelt der Mutter oder des Vaters ein oder in beide. In ihnen formt sich dann der Vorname ihres Erdenkindes. Diesen Namen trägt dann der Mensch in dieser Welt, auf dieser Erde. Es gibt also auch in Bezug auf die Namensgebung keine Zufälle.

Fällt die Seele durch die Sünde, dann verändert sich der Seelenname. Wenn sich die Seele höherentwickelt, werden die Namen geistiger, feiner und himmlischer. Ist die Seele vollendet, das heißt, ist sie wieder das reine Geistwesen geworden, dann trägt sie wieder ihren himmlischen Namen, der ihrem ganzen Wesen, das in Gott lebt, entspricht.

In allen Schilderungen und Darlegungen lesen und erfahren wir, dass der Mensch in der Lebensschule Erde ist, um sich wieder Dem zuzuentwickeln, der das reine Geistwesen geschaffen hat – es ist Gott, unser aller Vater.

Jedem von uns ist also geboten, im irdischen Dasein sich zu erkennen, sein irdisches Leben durch die Erfüllung der göttlichen Gesetze zu veredeln, um sich zu lichteren und feineren Sphären hinzuentwickeln. Der Seele ist also geboten, sich über das Rad der Wiederverkörperung hinauszuentfalten und wieder das Gesetz Gottes anzunehmen und zu leben. Das ewige Absolute Gesetz ist das Lebensziel der Seele und das Sein des Geistwesens.

So unterschiedlich, wie jeder einzelne Mensch die Welt registriert und in sich aufnimmt, so unterschiedlich sind auch die Belastungen der Seele. Deshalb kann nicht generell gesagt werden, wie lange sich eine Seele im Rad der Wiederverkörperung aufhält, bis sie wieder in einen neuen Erdenkörper schlüpft. An der zunehmenden Bevölkerungsdichte erkennen wir jedoch, dass in früheren Zeiten die Inkarnationsphasen für die Seelen länger waren. Die Phasen zwischen Tod und Wiedereinkörperung werden immer kürzer. Das zeigt die ständig zunehmende Bevölkerungszahl der Erde. Immer mehr Seelen drängen zur Einverleibung, weil sie das nahende Ende dieser Möglichkeit für sie ahnen.

Auf der Erde besteht nur noch eine kurze Zeitspanne, in der sich schwerbelastete Seelen wiederverkörpern können. Für sie ist dann kein Magnetismus mehr vorhanden, weil sich die Erde verfeinert. Sie können dann nicht mehr zur Einverleibung gehen, weil auf der Erde nur noch lichtere Seelen einverleibt sein werden, das heißt, die Erde trägt in ihrer Substanz feiner strahlende Menschen. Diese ziehen dann auch nur wieder lichtere Seelen an.

Die Menschheit lebt in einer mächtigen Zeitenwende, in einer Umbruchszeit, wie sie noch nie dagewesen ist. Geistige Menschen, die in höheren Idealen und Werten leben, erkennen, dass der Materialismus in sich zusammenfällt und mehr und mehr die Materie, die dichte Substanz, zur Umwandlung und zur Assimilierung an höhere Kräfte und Formen gelangt.

Gerade in dieser noch bestehenden mächtigen Umwandlungszeit gibt der ewige Geist, Gott, unser aller Vater, Seinen Seelenkindern noch einmal Seine Gnade, dass sie auf der Erde als Menschen in Erdenjahren ihr Sündhaftes bereinigen, was im Jenseits in der Kürze nicht möglich ist.

Die Urkraft strahlt also verstärkt in die Reinigungsebenen ein und bringt dadurch das Rad der Wiederverkörperung in raschere Bewegung. Diese verstärkte Aktion des Wiedergeburtsrades, des Kausalcomputers, regt die Seelen an, als Menschen die Erde aufzusuchen, um in der Erdenschule das in Kürze zu bereinigen, was – wie dargelegt – in den Seelenreichen nicht möglich ist, da die feinstofflichen Welten längere Frequenzen, also Wellenlängen, haben. Infolge intensiver Einstrahlung der Urkraft werden die Zwischenphasen von Tod und Wiederverkörperung kürzer. Seelen kommen und gehen, schlüpfen hinein in das Fleisch und schlüpfen heraus – so ist die Erde eine Art Durchgangsstation für Bettler und Könige, für alle belasteten Seelen.

Auf der Erde werden die Menschen zusammengeführt, um miteinander das zu bereinigen, was der eine am anderen oder beide miteinander verursacht haben. Das gleiche Prinzip gilt auch in den Seelenreichen, allerdings in sehr langen Phasen. Auch dort werden die Seelen zusammengeführt, um miteinander das zu bereinigen, was sie als Menschen auf der Erde verursacht haben. Ob die Seele drüben oder die Seele als Mensch hier das erkennt und behebt, was ihr in Form von Bildern oder Ereignissen und Geschehnissen nahegebracht wird, das liegt einzig im Ermessen, im freien Willen der Seele und des Menschen. Weder Seele noch Mensch werden gezwungen, das zu bereinigen, was zur Bereinigung ansteht.

Im Seelenreich – ebenso dann, wenn die Seele sich in einem physischen Körper befindet, also einverleibt ist – kann eine Schuld sehr lange latent liegen, bis sie vom Kausalcomputer angeregt wird und dann über Bilder in der Seele oder als Leid und Krankheit im und am Menschen massiv zum Ausbruch kommt. Dann erlebt die Seele im eigenen Seelenkörper, was sie als Mensch verursacht hat, und als Mensch erlebt sie es am irdischen Leib.

Es ist möglich, dass eine oder mehrere Ursachen, also Sünden, von der Seele als Mensch über mehrere Inkarnationen hinweg getragen oder noch verstärkt werden, sogar auch im Leid und in der Krankheit, bis der Mensch bereit ist, seine Sünden zu bereuen, seinem Nächsten zu vergeben, ihn um Vergebung zu bitten und die erkannten Sünden nicht mehr zu tun.

Dieses Prinzip gilt auch für die Seele in den Stätten der Reinigung. Bevor in einem Seelenkörper das Leid und die Qual ausbrechen, das, was er als Mensch verursacht hat, werden ihm viele Hinweise gegeben und viele Erkenntnisse zuteil. Auch der Seele werden mahnende Impulse gegeben. Doch die Impulse enthalten schon das Bild der einst vollzogenen Tat, das allmählich schon zu schmerzen beginnt. Im Inneren, in ihrem Seelenkörper, spürt die Seele das Leid ihres Nächsten. Ist der Betroffene als Seele in den Stätten der Reinigung, dann werden beide zusammengeführt, um das zu bereinigen. Ist der Betroffene im Erdenkleid, dann heißt es für die Seele, das volle Leid zu tragen, außer der betroffene Mensch hat ihr durch die Erfüllung der ewigen

Gesetze schon vergeben. Trotz alledem muss sie dann dort durch Erkenntnis reifen, um zu erfahren, dass solches und ähnliches sündhaft ist.

Wer als Mensch nicht hören will, der wird – entweder als Seele oder als Mensch – das fühlen, also erleiden, was er selbst verursacht hat. Deshalb ist jeder Mensch für seine Werke selbst verantwortlich und für das, was er empfindet, denkt, spricht und handelt. Er trägt also, was er gesät hat. Keiner kann seine Frucht einem anderen auflasten. Jeder trägt sie selbst. Viele jedoch tragen unter Umständen die Früchte anderer mit, weil sie daran beteiligt sind. Das ist dann ein Familien- oder Gruppenkarma.

Das Kind in der Wiege trägt also schon die irdische Lebens- und Todesspanne in sich. Es hat auch schon die Aufgabe mitgebracht, die Lebensspanne zu nützen und sich für das Jenseits, für höhere und lichtere Ebenen, vorzubereiten, auf dass die Seele nach dem irdischen Dasein in die ewigen Himmel einzugehen vermag – als das reine Wesen aus Gott, welches das Ebenbild des Ewigen ist.

Der wache, Gott zustrebende Mensch erlebt in der Todesspanne, wie sich die Seele ganz allmählich zurückzieht und den Menschen zur weiteren Verinnerlichung anregt. Er erlebt also das allmähliche Hinüberwechseln der Seele in höhere und lichtere Welten. Wenn dann die Stunde des Hinscheidens gekommen ist, lebt die Seele bewusst, ohne Dumpfheit und Stumpfheit in ihren Wahrnehmungen weiter. Sie geht mit lichten Wesen den Weg zu höheren Ebenen, den sie des Nachts, wenn der Körper schlief, schon des öfteren gegangen ist.

Wir hören zuweilen, dass der Mensch einen »schönen Tod« hatte. Wir wollen damit ausdrücken: Er hat ihn nicht wahrgenommen; er ist ganz überraschend gestorben. Wer war dieser Mensch? Sah er einzig die Materie als den Maßstab aller Dinge? Wenn ja, dann wird seine Seele nach dem Leibestod gleichsam bewusstlos weitervegetieren, ohne zu wissen, dass sie ihren irdischen Leib abgelegt hat. Diese Unwissenheit ist Begrenztheit und macht sie erdgebunden. Traumwandlerisch bewegt sie sich sodann in der Familie, im Freundeskreis, im bisherigen Alltag. Wie im Traum tut sie das, was sie als Mensch immer getan hat. Sie merkt deshalb lange nicht, dass sie ohne irdischen Leib ist.

Eine erdgebundene Seele ist eine Seele, die aufgrund ihres Gebundenseins – z.B. infolge der Fixierung auf Menschen, auf Besitz und Reichtum – die Schule des Inneren Lebens auf Erden als Mensch versäumt hat. So bleibt sie nach dem Leibestod auf die Materie, auf das Diesseits, fixiert, auf die Interessen, die ihr als Mensch Lebensinhalt waren. Ihre Neigungen beziehen sich wieder auf die Menschen und die Dinge, an die sie sich einst als Mensch gebunden hat, die im irdischen Körper ihr Lebensglück und ihr Heil waren.

Es kann unter Umständen sehr lange dauern, bis eine solche Seele zur Erkenntnis gelangt, dass sie von ihren ehemaligen Mitmenschen nicht mehr beachtet wird. Dann entsteht in ihr Panik. Plötzlich spürt sie ihre Handlungsunfähigkeit. Gedrängt von ihren Leidenschaften, nähert sie sich dann als Seele einem Menschen, der ihrer Struktur, ihren Wünschen und Sehnsüchten entspricht. So sie diesen beeinflussen oder besitzen kann, führt sie dann durch diesen aus, was als Mensch ihr Sinnen und Trachten war. Daraus ergibt sich die Umsessenheit oder die Besessenheit eines Menschen, der ähnliche Süchte und Wünsche nährt wie die Seele, die sich dem Menschen genähert hat.

Menschen, die viel in der Vergangenheit oder in der Zukunft leben, die viel grübeln, sich sorgen oder in Wunschvorstellungen ergehen, sind sehr häufig »außer sich«, das heißt, sie leben nicht in der Gegenwart und auch nicht bewusst. Dadurch gibt der Mensch automatisch sein Haus, seinen Körper, für solche Seelen frei.

Ein anderer Grund für die Erdgebundenheit einer Seele ist, wenn die Hinterbliebenen um den Verstorbenen trauern und klagen. Dadurch ziehen sie die Seele des Verstorbenen herbei, die dann in der Familie unter den Trauernden lebt, um diese zu trösten. Die Trauernden können also eine Seele, die erheblich belastet ist, an sich binden.

Auch Menschen mit viel geistigem Wissen, die nur um die göttlichen Gesetze wissen und diese nicht verwirklicht haben, sündigen wider den Heiligen Geist, sündigen also wider besseres Wissen. Das bedeutet, dass die Seelen solcher Menschen erdgebunden sind und somit erdnah bleiben.

Darum sind wir hier

Wir Menschen sind also auf der Erde, um in der Lebensschule das zu lernen, was wir sowohl im Diesseits als auch im Jenseits brauchen: die Anwendung der göttlichen Gesetze.

Wir sind auf der Erde, in der Lebensschule, um uns auf das Hinübergehen vorzubereiten, so dass wir nach unserem leiblichen Hinscheiden von lichten Wesen abgeholt werden können, die uns in lichtere Sphären führen.

Wir sind also in der Lebensschule Erde, um in dieser Einverleibung das zu erkennen und zu bereinigen, was uns die Tage, die Stunden, die Minuten, die Sekunden, ja sogar die Augenblicke sagen wollen.

Wir sind in der Lebensschule Erde, um unseren Nächsten, mit denen wir z.B. in Streit leben, zu vergeben, sie um Vergebung zu bitten und das nicht mehr zu tun, was zu Streitigkeiten geführt hat.

Wir sind in der Lebensschule Erde, um das wiedergutzumachen, was wir in Vorinkarnationen versäumt und was wir uns in diesem Erdendasein auferlegt haben.

Wir sind in der Lebensschule Erde, um unsere Leiden und Krankheiten anzunehmen und in der Annahme das zu erkennen, was zum Leid und zur Krankheit geführt hat, um es dann abzulegen.

Denken wir daran: In der Krankheit liegt auch der Schlüssel zur Gesundheit. Das Tor zur Gesundheit öffnet sich dann, wenn wir die erkannten Ursachen beheben, die zur Krankheit geführt haben.

Medikamente allein lösen unser falsches Verhalten nicht auf. Sie können dem Körper Linderung bringen, doch die Ganzheitsheilung erfolgt über die Seele.

In der Lebensschule Erde sollen wir die göttlichen Gesetze erfahren, annehmen und verwirklichen, so dass wir frei werden von allem, was wir aus vergangenen Inkarnationen in diese Einverleibung mitgebracht haben, und auch von den Ursachen Befreiung erlangen, die wir in dieser Inkarnation gesät haben.

Wer die Lebensschule Erde meistert, der erfüllt auch die göttlichen Gesetzmäßigkeiten und hat somit schon im Diesseits sein Leben im Jenseits licht und freundlich gestaltet.

Der Weg der Seele geht über Christus in das ewige Licht. Wer Christus an- und aufnimmt, der erfüllt die Gesetze der Liebe und Weisheit und wird über das Rad der Wiederverkörperung hinausreifen.

Wir sind also auf der Erde, um wieder göttlich zu werden.

Nützen wir die Zeit!

Gott, unser ewiger Vater, dessen Kinder wir sind, sandte uns Seinen Sohn, der unser Erlöser wurde,

Christus. Er ist der Weg, die Wahrheit und das Leben. Keiner kommt zum Vater, nur durch Ihn, Christus.

Wer sich Christus zuwendet durch die Erfüllung der Zehn Gebote, die Auszüge aus dem ewigen Gesetz sind, wer sein Leben nach der Bergpredigt ausrichtet und sich um Selbstlosigkeit bemüht, der wird mehr und mehr in Christus leben und durch Ihn auferstehen und in den Strom Gottes einmünden, um als Kind in Gott, unserem Vater, zu leben und Ihn von Angesicht zu Angesicht zu schauen.

Allen Lesern dieses Büchleins wünsche ich schon im Erdenkleid die Auferstehung in Christus.

Friede

Anhang

Der Zeitgenosse TOD

Jeder stirbt für sich allein
Das Leben und Sterben, um weiterzuleben

Gabriele beschreibt den Weg von der Angst vor dem Tod zum bewussten Leben, zu Sicherheit, Gelassenheit und innerer Standfestigkeit: Wer sein Leben zu verstehen lernt, fürchtet sich nicht mehr vor dem Tod . Aufbau der feinerstofflichen Seele • Gefahren bei Kontaktaufnahme zu Jenseitigen • Der sogenannte „Tote" ist nicht immer tot • Gott brachte die Innere Religion, die Religion des Herzens • u.v.a.m.

176 S., kart., Best.-Nr. S 368

Euro 12,80. ISBN 978-3-89201-335-8

Als Hörbuch: 4 CDs, Euro 14,90

ISBN 978-3-89201-252-8

SEIN AUGE
Die Buchhaltung Gottes
Der Mikrokosmos im Makrokosmos

Als dieses Buch von Gabriele im Jahr 1992 erschien, erregte es bereits Aufsehen. Doch seine Brisanz wird erst heute deutlich - es enthüllt Hintergründe und Zusammenhänge.

Themen sind z.B.: Genbruchstücke in Luft, Wasser, Nahrung • Fremdprogramme überlagern das physische Erbgut • Die Bedeutung einer Inkarnation für die Seele u.v.a.m.

212 S., geb., Best.-Nr. S 318

Euro 14,00

ISBN 978-3-89201-062-3

Du selbst bist Deine Krankheit und Deine Gesundheit Doch GOTT ist mit Dir

Ein Buch mit konkret anwendbaren Erläuterungen und Hinweisen von Gabriele - für Kranke und solche, die gar nicht erst krank werden wollen. - Wie kommt es zu dem, was das Erdendasein oftmals so unerfreulich macht, zu Krankheit, Not, Schicksalsschlägen ...? Ist es möglich, dem sogenannten Schicksal zuvorzukommen? Entdecken Sie, welch enorme Möglichkeiten jeder Mensch hat, zum positiven Verlauf seines Lebens beizutragen!

184 S., kart., Best.-Nr. S 501

Euro 10,00

ISBN 978-3-89201-267-2

Ursache und Entstehung aller Krankheiten

Was der Mensch sät, wird er ernten

Ganz gleich, ob es sich um die Auswirkung der Gedanken und Gefühle auf den Körper handelt oder um die Auswirkung der Störungen des Erdmagnetfeldes oder darum, dass schädliche Parasiten und andere Krankheitserreger durch die Handlungsweise der Menschen geschaffen wurden und werden - all das und vieles mehr bestätigt mittlerweile die Wissenschaft, was man vor 2 Jahrzehnten, als dieses Buch offenbart wurde, noch für undenkbar hielt.

336 S., geb., Best.-Nr. S 117

Euro 18,00

ISBN 978-3-89201-213-9